맥스 루케이도와 함께하는
행복 연습

HOW HAPPINESS HAPPENS

ⓒ2019 by Max Lucado
Originally published in English as How Happiness Happens
by Thomas Nelson, Nashville, TN, USA.

All rights reserved.
Published by arrangement with Thomas Nelson, a division of HarperCollins
Christian Publishing, Inc. through rMaeng2, Seoul, Republic of Korea.
This Korean translation edition ⓒ 2020 by Word of Life Press, Seoul, Republic of Korea

이 한국어판의 저작권은 알맹2를 통하여
Thomas Nelson사와 독점 계약한 생명의말씀사에 있습니다.
신저작권법에 의하여 한국 내에서 보호받는 저작물이므로 무단 전재와 무단 복제를 금합니다.

맥스 루케이도와 함께하는 **행복 연습**

ⓒ 생명의말씀사 2020

2020년 10월 26일 1판 1쇄 발행
2025년 3월 20일　　　 4쇄 발행

펴낸이 | 김창영
펴낸곳 | 생명의말씀사

등록 | 1962. 1. 10. No.300-1962-1
주소 | 서울시 종로구 경희궁1길 6 (03176)
전화 | 02)738-6555(본사) · 02)3159-7979(영업)
팩스 | 02)739-3824(본사) · 080-022-8585(영업)

기획편집 | 임선희
디자인 | 윤보람
인쇄 | 예원프린팅
제본 | 다온바인텍

ISBN 978-89-04-16730-2 (03230)

저작권자의 허락없이 이 책의 일부 또는 전체를
무단 복제, 전재, 발췌하면 저작권법에 의해 처벌을 받습니다.

맥스 루케이도와 함께하는
행복 연습

맥스 루케이도 지음
박상은 옮김

생명의말씀사

헌사

짐 바커(Jim Barker)에게

당신은 25년간 나의 교사이자 목자였습니다.
그리고 내 골프 스윙 자세를 교정해 주었지요.
덕분에 세 번 중 두 번은 제대로 칠 수 있게 되었습니다.
친구여, 고맙습니다.

How
Happiness
Happens

contents

1. 기쁨으로 가는 문 · 09
2. "잘했다, 바위야!" · 25
3. 짜증을 키우지 말라 · 45
4. 제2 바이올린의 감미로운 선율 · 61
5. 사랑의 인사 · 81
6. 담대하게 아뢰라 · 97
7. 조용한 봉사자 · 115
8. 당신을 불편하게 하는 사람들 · 131
9. 소리 내어 말하라 · 151
10. 당신은 파괴되었다 · 167
11. 사랑받으라. 그리고 사랑하라. · 187

그다음 단계 – 사람들을 행복하게 하기 · 203
주 · 216

1
기쁨으로 가는 문

　버뮤다 해밀턴의 아침 6시. 92세의 조니 반즈가 교차로에 서서 운전자들에게 손을 흔든다. 그는 새벽 4시 전에 나와서 오전 10시까지 그 자리를 지킨다. 돈이나 음식을 구걸하는 게 아니다. 1인 시위를 하는 것도 아니고, 하는 일 없이 어슬렁거리는 것도 아니다. 조니는 사람들을 행복하게 하는 중이다.

　수염을 기르고 밀짚모자를 쓴 그는 눈이 반짝반짝하고, 이는 하얗고, 피부는 햇볕에 그을려 가무잡잡하다. 연로한 탓에 허리가 구부정하고 걸음도 느리지만, 세월이 그에게서 기쁨을 앗아가지는 못했다. 그는 두 팔을 앞으로 죽 뻗어 손을 흔든다. 손목이 사운드보드의 볼륨을 조절할 때처럼 양옆으로 흔들린다. 택시 운전사나 자가용 승용차로 출근하는 사람들에게 손 키스를 보내며 외친다. "사랑해요, 여러분! 언제까지나 사랑할 거예요!" "거기, 예쁜 아가씨, 안녕하세요? 사랑해요!"

사람들도 그를 사랑한다! 버뮤다 사람들은 조니를 "행복한 사람"이라고 부른다. 그들은 출근할 때 그를 보려고 그가 서 있는 교차로를 지나간다. 조니가 보이지 않으면 라디오 방송국에 전화를 걸어 어찌 된 일인지 알아본다. 조니가 몇몇 통근자를 알아보지 못할 때면 그들은 조니가 손을 흔들어 줄 때까지 교차로를 몇 바퀴 돌기도 한다. 한번은 어느 까다로운 여자가 그와 눈을 마주치지 않으려고 했다. 울적한 기분에 그대로 파묻혀 있고 싶었기 때문이다. 그러나 결국 조니가 있는 곳을 쳐다보게 되었다. 조니가 미소를 지어 보이자 그녀도 미소를 지었다. 한 사람의 우울함이 사라진 것이다.

조니의 철학은 단순하다. "우리는 서로 사랑하는 법을 배워야 해요. 개인에게 찾아오는 가장 큰 기쁨 중 하나는 다른 사람들을 위해 무언가를 할 때랍니다."[1]

조니 같은 사람을 만나고 싶지 않은가? 아니, 조니 같은 사람이 되고 싶지 않은가?

전염성이 강하고, 확고부동하며, 끊이지 않는 행복을 느껴 본 지 얼마나 되었는가? 누군가 "나는 늘 그렇게 느껴요."라고 대답할지 모르겠다. 당신이 그러하다면 축하한다. 하나님의 축복이 함께하시기를 바란다! 그러나 대부분의 사람들은 아마도 이렇게 대답할 것이다. "글

쎄요, 한참 된 것 같은데요? 예전에 행복할 때가 있었는데 요즘은 사는 게 힘드네요."

"병으로 건강을 잃었어요."
"불경기로 직업을 잃었어요."
"그 망할 자식이 내 마음을 빼앗아갔어요."

그 결과 무언가가 우리의 행복을 앗아간다. 기쁨은 그토록 부서지기 쉬운 것이다. 분명히 여기 있는 것 같았는데 다음 날이면 세찬 바람에 흩어진다.

그럼에도 우리는 계속해서 평안과 만족을 추구한다. 전 세계적으로 사람들은 자신의 가장 소중한 목표가 '행복'이라고 말한다.[2] 예일대학교의 300년 역사상 가장 인기 있는 수업은 행복에 관한 수업이다.[3] 잡지의 표지들은 성적인 쾌락에서부터 재정적인 만족에 이르기까지 온갖 즐거움을 약속한다. 포털 사이트에서 '행복한 시간'을 검색하면 순식간에 7,500만 개의 항목이 뜬다.

광고 회사들은 이 점에 주목한다. TV 광고는 환상적인 약속들을 쏟아낸다. '행복해지고 싶으세요? 이 핸드크림을 써 보세요.' '편안한 기분을 원하시나요? 이 매트리스에서 잠을 청해 보세요.' '조금 더 즐거워지기 원하세요? 이 레스토랑에서 식사하고, 이 차를 몰고, 이 옷을 입으세요.'

거의 모든 광고가, 심지어 치질연고 광고까지도 기쁨에 넘치는 사람의 이미지를 보여 준다. H 치질연고의 광고 속 인물은 그 치질연고를 쓰기 전까지 어딘가에 앉을 때마다 오만상을 찌푸리지만 나중에는 기쁨 가득한 표정이 된다. 그 연고에 표시된 H가 행복(Happiness)을 의미하는 걸까?

모든 사람이 행복을 갈망한다. 그리고 모든 사람이 행복에서 유익을 얻는다. 행복한 사람들은 견고한 결혼 관계를 유지할 확률이 높고, 이혼할 확률이 낮으며, 직장에서의 업무 수행 능력도 뛰어나다. 또한 강화된 면역체계로 인해 건강하다.[4] 연구자들은 행복이 경제적 여유와도 상관관계가 있다는 것을 발견했다.[5] 스물다섯 가지 연구를 분석한 결과에 따르면 행복한 사람들이 우울한 사람들보다 효율적인 리더가 될 가능성이 높다.[6] 이와 같이 행복은 모든 사람에게 도움이 되는 것으로 판명되었다.

그러나 실제로 행복을 찾은 사람은 많지 않다. 설문조사에 응한 미국인의 3분의 1만이 행복하다고 답했다. 여론조사기관인 해리스 폴(Harris Poll)에서 미국인의 행복도를 조사한 바에 의하면 9년 동안 행복 지수가 가장 높게 나왔을 때가 36퍼센트였다. 이는 미국인 세 명 중 두 명은 언제나 우울감에 휩싸여 있다는 뜻이다.[7]

오늘날 사람들에게서 미소 띤 얼굴을 찾기가 힘들다. 통계에 의하면 우울증 환자가 한 세기 전에 비해 열 배가량 늘었다고 한다.[8] 세계보건기구(WHO)에서는 2020년경에는 전 세계적으로 "우울증이 두 번째

로 높은 질병 유발 원인이 될 것"이라고 전망했다.[9]

 과거에는 노인들이 젊은 사람들보다 더 행복해했다. 일반적으로 60-70대는 삶에 대한 감사와 만족 면에서 보다 높은 점수를 기록했다. 그러나 지금은 그렇지 않다. 이제는 나이가 많다고 해서 예전처럼 삶에 대한 만족도가 더 높은 것 같지 않다.[10]

 왜일까? 오늘날에는 원하는 사람 대부분이 교육을 받을 수 있을 뿐 아니라 의학에서부터 과학기술에 이르기까지 모든 분야가 발전했지만, 그럼에도 우리 중 66퍼센트는 행복에 관한 설문지에 '행복합니다.'라고 답할 적절한 이유를 찾지 못한다.

 유전적인 원인일까? 하지만 그것도 우리가 생각하는 만큼은 아니다. 유전은 우리 기질에 50퍼센트의 영향을 미친다고 한다. 이 수치가 정확하다 해도 나머지 50퍼센트 원인은 어디서 찾을 것인가?[11]

 대체 어찌 된 걸까? 현대인의 우울감을 어떻게 설명할 수 있을까? 답은 다양하고 복잡하지만 이것만큼은 분명하다. 바로 우리가 엉뚱한 문을 사용하고 있다는 것이다!

 행복으로 향한 문, 즉 사람들이 주로 이용하는 문은 광고 회사들이 보여 주는 문이다. 그들은 "소유하라"고 말한다. "더 빠른 차를 몰고, 유행하는 옷을 입고, 더 많이 마시라"고 말한다. 행복은 옷장 속에 어떤 옷이 걸려 있고, 차고에 어떤 차가 주차되어 있고, 장식장에 어떤 트로피가 진열되어 있고, 통장에 얼마가 들어 있고, 손가락에 어떤 보석이 박힌 결혼반지가 끼워져 있고, 저녁 식탁에 어떤 음식이 올라오는지에 달렸다고 말한다. 살을 빼거나, 연애를 하거나, 운명적인 사랑을 만나면 행복해진다고 말한다. 그들이 말하는 행복으로 가는 문은 참으로 넓다.

그러나 그 모든 약속에도 불구하고 그 문은 우리를 행복으로 인도하지 못한다.

어느 연구에서 심리학자들은 미국 일리노이주의 복권 당첨자들이 사고로 장애를 입은 사람들보다 더 행복하지 않다는 것을 발견했다. 이 두 그룹은 일상에서 얻는 즐거움, 즉 친구와 수다를 떨거나, TV를 시청하거나, 아침 식사를 하거나, 농담을 듣고 웃음을 터뜨리거나, 칭찬을 듣는 등의 소소한 즐거움이 어느 정도 되는지 평가해 달라는 요청을 받았다. 나중에 연구자들이 그 결과를 분석해 보니 사고로 장애를 입은 사람들이 복권 당첨자들보다 일상의 소소한 즐거움에서 더 많은 행복을 느끼는 것으로 나타났다.[12]

복권 당첨의 기쁨도 시간이 지나면 희미해진다. 물론 돈이 생활의 어려움을 경감시키는 동안에는 가난한 사람들을 행복하게 한다. 그러나 어느 정도 소득 수준에 도달하면 고액의 연봉이 더 많은 행복을 가져다주지는 않는다.[13] 연봉이 천만 달러가 넘는 미국인들은 그들이 고용한 노동자들보다 조금밖에 더 행복하지 않았다.[14]

어느 하버드대학교 교수가 말하듯 "우리는 돈이 장기간에 걸쳐 많은 행복을 가져다줄 거라 생각하지만 실제로는 단기간에 약간의 행복을 가져다준다."[15]

우리 모두는 농사를 지으면서도 행복한 사람들과 백만장자이면서도 불행한 사람들을 보아 왔다. 그렇지 않은가?

행복해지기 위한 또 다른 선택지가 있다. 여기에는 신용카드나 큰돈이 필요 없다. 항공권이나 호텔 예약 같은 것도 필요하지 않다. 박사나 의사여야 하는 것도 아니고, 좋은 집안 출신이어야 하는 것도 아니다. 나이나 인종, 성별 따위는 우리를 행복하게 하는 요인이 아니다. 온화한 기후나 푸른 하늘, 보톡스도 필수적이지 않다. 상담이나 성형수술, 호르몬 치료를 받기 위한 돈이 없어도 괜찮다. 직업을 바꿀 필요도 없고, 다른 도시로 이사를 가지 않아도 된다. 외모를 바꿀 필요도 없다. 단지 행복으로 가는 문을 바꾸기만 하면 된다.

많은 사람이 행복으로 가는 정문이라고 생각하는 곳에는 '소유하면 행복하다.'라는 구호가 적혀 있다. 반면에 사람들이 덜 이용하는 후문에는 '베풀면 행복하다'고 적혀 있다.

선을 행하는 것은 행하는 사람 자신에게 유익하다. 실제로 다양한 연구가 이를 뒷받침한다.

실험자들을 MRI 스캐너 안에 들어가게 한 뒤 그들이 자선기관에 기부하게 될 것이라는 이야기를 들려주었더니 쾌락(음식이나 섹스 같은)과 관련된 뇌 부위가 크리스마스트리처럼 밝게 빛났다.

선행은 도파민 분비를 촉진시킨다.[16](이 말을 기부금 모금을 위한 구호로 사용하는 건 어떨까?)

또 다른 연구에서 사회심리학자들은 사람들을 행복하게 하는 요인들의 여덟 가지 공통점을 발견했는데, 그중 처음 두 가지는 다른 사람들을 돕는 것과 관련이 있다. 행복한 사람들은 "가족이나 친구들과 많은 시간을 보내며 그들과의 관계를 돈독히" 하고 "동료나 지나가는 행인에게 먼저 도움의 손길을 내밀곤 한다."[17]

기쁘게 살고 싶은가? 누군가를 위해 좋은 일을 하라.

마침 오늘, 이 진리를 증명하는 가슴 따뜻한 경험을 했다. 나는 아내이자 어머니인 한 여인의 장례식을 준비하고 있는 부녀를 만났다. 장례식의 주인공인 패티는 생전에 다른 사람들에게 헌신적인 사랑을 베풀었다. 우리는 그녀가 얼마나 많은 아이들을 안아 주고, 얼마나 많은 기저귀를 갈고, 얼마나 많은 아이들을 가르치고, 얼마나 많은 사람에게 용기를 북돋아 주었는지 떠올렸다. 그녀의 미소는 마치 겨울 산의 얼음을 녹이는 봄 햇살과 같았다.

석 달 전 패티는 뇌의 일부가 마비되어 말을 할 수 없게 되었고, 결국 재활센터에서 생활하게 되었다. 실의에 빠진 그녀는 식욕을 잃고 잠도 제대로 자지 못했다. 어느 날 패티의 딸에게 좋은 생각이 떠올랐다. 딸은 어머니를 휠체어에 태운 채 격려가 필요한 사람들을 찾아 이 방 저 방을 돌아다녔다.

패티는 말을 할 수 없었지만 다른 사람들을 어루만지고 기도해 줄 수는 있었다. 그래서 그렇게 했다. 다른 환자들의 등을 두드려 주고 그들의 가슴에 손을 얹고 기도해 주었다. 대부분의 저녁 시간을 그렇게 재활센터 곳곳을 돌아다니며 사람들을 어루만지고 그들을 위해 기도하며 보냈다. 그날 저녁 그녀는 다시 식욕이 돌아왔고, 편안히 잠들었다.

"주는 것이 받는 것보다 복이 있다"(행 20:35)는 예수님의 말씀 그대로다. 베풀면 그것이 다시 부메랑처럼 우리에게 돌아온다. 다른 사람들을 행복하게 할 때 우리도 행복해진다. 참으로 기쁜 소식 아닌가?

당신은 당신의 DNA를 바꿀 수 없고, 날씨나 교통 상황을 통제할 수 없으며, 이 나라의 대통령도 아니다. 그렇지만 언제라도 지구상의 보다 많은 사람이 미소 짓게 할 수 있고, 당신이 사는 지역의 분노 수치를 낮출 수 있다. 당신은 사람들이 더 잘 자고 더 많이 웃게 할 수 있다. 그들이 투덜대는 대신 콧노래를 부르고, 비틀대는 대신 똑바로 걷게 할 수 있다. 다른 사람들의 짐을 가볍게 해 줄 수 있고, 그들의 하루를 밝게 해 줄 수 있다. 그러므로 당신 스스로 새롭게 발견한 이 기쁨을 맛보기 시작할 때 놀라지 말라. 이 책은 바로 그것, 즉 우리를 기쁨으로 인도하는 예기치 못한 문에 관한 이야기다.

그 문 앞에는 예수님이 계시다. 예수님이 그곳에서 당신을 기다리고 계신다. 예수님은 많은 비난을 받으셨지만, 투덜이라거나 우울한 사람이라거나 자기중심적인 이기주의자라는 말을 들으신 적이 없다. 예수님이 나타나실 때 사람들은 신음소리를 내지 않았다. 그분이 방에 들어오실 때 사람들은 그분을 피하지 않았다.

예수님은 사람들의 이름을 부르셨다.

예수님은 그들의 이야기에 귀를 기울이셨다.

예수님은 그들의 질문에 대답하셨다.

예수님은 그들의 병든 친척들과 친구들을 방문하고 도와주셨다.

예수님은 어부들과 함께 물고기를 잡고, 세상에서 소외된 사람들과 함께 점심을 드셨다. 그분은 결혼식에 참석하셨으며, 결혼식 피로연에서 포도주가 떨어지지 않도록 물로 포도주를 만들기까지 하셨다. 너무나 많은 잔치에 참석하신 나머지 떠들썩한 사람들과 수상쩍은 무리와 어울린다는 비난을 들으실 정도였다. 수천 명이 예수님의 말씀을 들으러 왔고, 수백 명이 그분을 따랐다. 그들은 예수님과 함께하기 위해 사업을 접고, 하던 일을 그만두었다. 예수님은 우리가 "생명을 얻게 하고 더 풍성히 얻게 하려"고 세상에 오셨다(요 10:10). 예수님은 행복하셨고, 우리 또한 행복하기를 바라신다.

천사들이 메시아의 탄생을 알릴 때 그들은 "큰 책임의 나쁜 소식"이라고 말하지 않았다. "큰 기쁨의 좋은 소식"(눅 2:10)을 선포했다. 성경에는 '기쁨', '행복', '즐거움', '축하', '환호', '웃음', '축제', '잔치', '축복', '환희' 같은 말이 들어간 문장이 2,700개가 넘는다.[18] 그만큼 하나님께는 우리의 기쁨이 중요하다.

예수님은 죄와 죽음과 인간의 정서적 필요에 대해 솔직하게, 소망을 가지고 말씀하셨다. 그분은 1세기 팔레스타인 사람들에게 기쁨을 가져다주셨다. 오늘을 사는 현대인들에게도 기쁨을 가져다주기 원하시며, 이를 위해 행복을 전하는 특별한 대사들을 부르셨다. 바로 당신과 나다.

물론 이것은 쉽지 않은 임무다. 세상 사람들은 우울하고, 변덕스럽고, 완고하다. 내 아내의 남편이 그런 것처럼 말이다. 기쁨을 전파하면서 기쁨을 얻으려면 계획이 있어야 한다. 우리에게는 지침이 필요하다. 성경이 기쁨을 나누며 기쁨을 얻는 것에 대해 그토록 많이 언급한 이유다. 신약 성경에는 "서로 ○○하라"는 성경구절이 50개가 넘는다. 그것이 바로 행복해지기 위한 실제적인 원리들이다. 아래에 그 원리들을 열 가지로 요약해 보았다.

1. 서로 격려하라(살전 5:11).
2. 서로 참으라(엡 4:2).
3. 서로를 더 낫게 여기라(빌 2:4).
4. 서로 문안하라(롬 16:16).
5. 서로를 위해 기도하라(약 5:16).
6. 서로 섬기라(갈 5:13).
7. 서로 용납하라(롬 15:7).
8. 서로 권면하라(골 3:16).
9. 서로 용서하라(엡 4:32).
10. 서로 사랑하라(요일 3:11).

지금부터 "서로 ○○하라"는 성경구절들의 문을 하나씩 열면서 이른바 '행복 프로젝트'를 시작해 보자. 그러면 성경에서 가르치고 여러 연구로 입증된 사실, 즉 '선을 행하는 것은 그 사람 자신에게 좋은 일'임을 알게 될 것이다.

당신과 나는 외로운 행성에 살고 있다. 사무실마다 상심한 사람들로 가득하다. 좌절은 무수한 사람들의 삶을 미라로 만든다. 세상에는 친절한 사람들이 절실히, 매우 절실히 필요하다. 우리가 사회의 모든 문제를 해결할 수는 없지만 적어도 몇몇 사람의 얼굴을 미소 짓게 할 수는 있다. 혹시 아는가? 당신과 내가 세상 한 귀퉁이를 밝게 하면 조용한 기쁨의 혁명이 시작될지 말이다.

● 행복이 더해지는 묵상과 나눔

1. 당신은 행복을 어떻게 정의하는가? 행복에 대해 생각할 때 어떤 단어나 느낌과 이미지가 떠오르는가?

2. 당신이 행복했던 때에 대해 이야기해 보라. 그때 행복했던 이유는 무엇인가?

3. 당신이 불행했던 때를 떠올려 보라. 그때 불행했던 이유는 무엇인가?

4. 현재 당신이 행복한 정도를 평가해 보라. 거의 매일 행복한가, 가끔 행복한가, 아니면 거의 행복하지 않은가? 그 이유는 무엇인가? 당신의 행복이나 불행의 일차적인 원인은 무엇인가?

5. 저자는 "전 세계적으로 사람들은 그들의 가장 소중한 목표가 '행복'이라고 말한다"고 쓰고 있다. 당신에게도 행복이 가장 소중한 목표인가? 그 이유는 무엇인가?

6. 이 장에는 행복에 관한 놀라운 통계들이 나온다. 예를 들면 다음과 같은 것이다.

    설문조사에 응한 미국인의 3분의 1만이 행복하다고 답했다.
    우울증 환자가 한 세기 전에 비해 열 배가량 늘었다.
    세계보건기구(WHO)에서는 2020년경에는 전 세계적으로 "우울증이 두 번째로 주된 질병 유발 원인이 될 것"이라고 전망했다.

    - 이 통계들을 보고 놀랐는가? 그 이유는 무엇인가?
    - 당신은 현재 우울증을 앓고 있거나 과거에 우울증을 앓은 적이 있는가? 만약 그렇다면 그때의 경험을 묘사해 보라.
    - 친한 친구나 가족 중에 우울증으로 고생한 사람이 있는가? 그 당시 그에게서 어떤 점이 관찰되었는가?
    - 오늘날 우울증에 시달리는 사람이 많은 이유가 무엇이라고 생각하는가?

7. 저자는 "행복으로 가는 정문"을 부와 외모, 섹스, 소유물 등과 같이 광고 회사들이 제시하는 무언가로 묘사한다.

- 당신은 과거에 행복을 약속하는 어떤 것들을 사들였는가?
- 그것이 당신이 원하는 것을 가져다주었는가? 그렇다면 그 이유는 무엇이고, 아니라면 그 이유는 무엇인가?
- 현재 당신은 행복을 약속하는 어떤 것들을 추구하는가?
- 그것들이 당신이 바라는 것을 가져다주는가? 그렇다면 그 이유는 무엇이고, 아니라면 그 이유는 무엇인가?
- 지금까지 살아오는 동안(아동기와 청소년기, 성인기를 보내는 동안) 당신이 추구하는 행복이 어떻게 바뀌었는가?

8. 다음 빈칸을 채우라. 행복으로 가는 정문에는 "_____하면 행복하다."라는 구호가 적혀 있다. 반면에 사람들이 덜 이용하는 후문에는 "_____(하)면 행복하다"고 적혀 있다.

- 후문에 적힌 구호를 처음 보았을 때 어떤 생각이 들었는가?
- 당신은 이 말에 동의하는가? 그 이유는 무엇인가?

9. 사도행전에서 바울은 에베소 교인들에게 고별 설교를 하면서 이렇게 말했다. "주 예수께서 친히 말씀하신 바 주는 것이 받는 것보다 복이 있다 하심을 기억하여야 할지니라"(행 20:35). 그리스도인의 삶은 이러한 역설로 가득하다. 마태복음 5장 1-12절을 읽으라. 여기서 '복이 있다'로 번역된 헬라어는 '행복하다'로도 번역할 수 있다. 이 점을 염두에 두고 다음 질문에 답하라.

- 예수님 말씀에 따르면 어떤 사람이 행복한 사람인가?
- 마태복음 5장 1-12절은 하나님께서 생각하시는 행복과 세상 사람들이 생각하는 행복에 대해 무엇을 말해 주는가?
- 당신은 세상의 기준으로 볼 때 행복해지기 위해 필요한 것들(부, 명예, 아름다움 등)을 지니지 못했음에도 행복한 사람을 본 적이 있는가?
- 그 사람이 왜 행복하다고 생각하는가?
- 그 사람과의 관계가 당신에게 어떤 영향을 미쳤는가?

10. 저자는 성경이 예수님을 기쁨이 충만하고, 잔치를 즐기며, 사람들이 함께 있고 싶어 할 만한 분으로 묘사하고 있다고 말한다.

    – 예수님은 주로 지혜롭고, 진실하고, 희생적이고, 사랑이 많은 분으로 묘사된다. 당신도 예수님을 잘 웃으시고 잔치를 즐기셨던 행복한 분으로 묘사한 적이 있는가?
    – 예수님이 잘 웃으시고 잔치를 즐기시는 행복한 분이었다는 것에 대한 당신의 느낌은 어떠한가? 그런 사실이 불편하게 느껴지는가? 그 이유는 무엇인가?
    – 예수님이 행복하셨던 이유는 무엇이었을까?

11. 다음 빈칸을 채우라. "참된 행복을 찾으려면 다른 사람들에게 _____ 해야 한다."

12. 저자는 다른 사람들을 행복하게 함으로써 우리 자신도 행복해지는 법을 알려 주는 "서로 ○○하라." 성경구절 열 개를 제시한다.

    서로 격려하라(살전 5:11).
    서로 참아 주라(엡 4:2).
    서로를 더 낫게 여기라(빌 2:4).
    서로 문안하라(롬 16:16).
    서로를 위해 기도하라(약 5:16).
    서로 섬기라(갈 5:13).
    서로 용납하라(롬 15:7).
    서로 권면하라(골 3:16).
    서로 용서하라(엡 4:32).
    서로 사랑하라(요일 3:11).

    – 이 중 당신이 가장 잘하고 있다고 생각되는 것은 무엇인가?
    – 당신이 가장 힘써야 할 것은 무엇인가?

13. 당신은 어디에서(집, 직장, 지역사회, 나라 등) "조용한 기쁨의 혁명"이 일어나는 것을 가장 먼저 보고 싶은가? 당신이 조용한 혁명을 시작하는 데 도움이 될 만한 "서로 ○○하라." 성경구절은 어떤 것인가?

2
"잘했다, 바위야!"

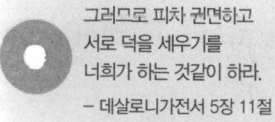

그러므로 피차 권면하고
서로 덕을 세우기를
너희가 하는 것같이 하라.
– 데살로니가전서 5장 11절

우리 형 '디'는 나를 자주 괴롭혔다. 하루도 나를 괴롭히지 않고 넘어간 적이 없을 정도였다.

내가 방에 들어가면 발을 걸어서 넘어뜨리고, 내가 침구를 정돈해 놓으면 그 즉시 침대 커버를 홱 잡아당겼다. 나를 바닥에 쓰러뜨린 뒤 그 위에 올라타 내가 숨을 못 쉴 때까지 내리눌렀고, 자기 자전거에 펑크가 나면 허락도 없이 내 자전거를 가지고 나갔다. 식탁 아래로 내 다리를 걷어차서 내가 되받아 차면 자기는 아무 잘못도 없는데 억울하다는 시늉을 해서 나만 야단맞게 만들었다. 형은 내 용돈을 훔치고, 나를 여자아이 같다고 놀리고, 나에게 가시덩굴을 집어던졌다. 눈만

뜨면 '오늘은 맥스를 어떻게 괴롭혀 줄까?' 생각하는 것 같았다.

그러나 형의 그 모든 잔인한 장난은 단 하나의 은혜로운 행동으로 상쇄되었다. 동네 아이들과 함께 야구를 할 때 나를 자기 팀에 뽑아 준 것이다.

어느 여름날, 어머니는 형에게 어린 동생인 나를 돌보는 임무를 맡기셨다. 그래서 형은 나를 데리고 가야만 야구장에 갈 수 있었다. 몹시 싫어하며 신음소리를 냈지만, 결국 나를 데려가기로 했다. 매일 하던 야구를 포기할 수는 없었기 때문이다. 우리는 야구방망이와 모자, 글러브를 챙겨서 자전거를 타고 야구장으로 갔다. 우리가 도착했을 때 그곳은 이미 아이들로 가득했다.

팀원을 뽑을 때가 되자 나는 다른 사람들 뒤에 서서 최악의 사태를 대비했다. 팀 선정은 어린 소년의 영혼에 상처를 입히기에 충분하다. 바로 이런 식으로 진행된다. 두 명의 선수, 대체로 운동을 가장 잘하는 두 사람이 이름을 부르기 시작한다. "나는 조니로 할게." "나는 토미!" "나는 제이슨!" "나는 에릭!" 그러면 조니와 토미, 제이슨, 에릭은 우쭐거리며 자기 팀의 대장이 있는 쪽으로 가서 멋진 소년의 자세를 취한다. 충분히 그럴 만하다. 그들은 가장 먼저 뽑힌 '에이스'이기 때문이다. 이러한 선발 과정은 마지막 한 명이 남을 때까지 계속된다. 그날 나는 그 마지막 한 명이 빨강머리에 주근깨가 있는 아이가 되리라는 것을 알고 있었다. 여름 야구의 사회적 서열 사다리에서 나는 맨 끝에 간신히 매달려 있었기 때문이다.

다른 아이들은 모두 중학생이었지만 나는 초등학교 3학년이었다. 다른 아이들은 모두 야구방망이를 잘 다뤘지만 나는 안타를 친 적이 한 번도 없었다. 다른 아이들은 모두 공을 던지고 받을 수 있었고, 도루도 할 수 있었다. 하지만 나는 팔에 힘이 없는 데다 글러브를 낀 손의 움직임이 둔하고 발은 벽돌을 매달아 놓은 것처럼 무거웠다.

그런데 기적이 일어났다. 천사들의 신성한 개입이 일어난 것이다. 그리하여 홍해가 갈라진 이야기와 죽은 나사로가 무덤에서 걸어 나온 이야기 옆에 우리 형이 나를 뽑은 이야기가 나란히 자리하게 되었다. 물론 형이 나를 첫 번째로 뽑은 것은 아니었다. 하지만 마지막에 가깝게 뽑은 것도 아니었다. 아직 뽑을 수 있는 좋은 선수가 많았음에도 오직 그 자신과 하나님만이 아시는 이유로 형은 나를 뽑았다.

"나는 맥스!" 형이 말했다.

아이들 사이에 웅성거림이 있었다. "맥스?" "맥스라고?" 영화의 한 장면이었다면 시끌벅적한 아이들의 무리가 양쪽으로 갈라지면서 카메라가 빨간 모자를 쓴 꼬마에게 초점을 맞췄을 것이다. 나는 눈이 수박만 해졌다.

"누구? 나?"

"그래, 너!" 형은 자신의 관대함이 별것 아니라는 듯 소리를 꽥 질렀다.

나는 머리를 살짝 기울이고 엘비스 프레슬리의 미소를 띤 채, 아직 아무 팀에도 뽑히지 않은 아이들 사이를 지나 형 옆에 섰다. 내가 뒤쪽에 서 있다가 앞으로 나온 것은 순전히 형이 나를 뽑아 주었기 때문이다.

형은 내가 야구를 잘해서 뽑은 게 아니었다. 나의 기술이나 야구 지식 때문에 뽑은 게 아니었다. 그는 자신이 내 형이라는 단 한 가지 이유로 내 이름을 불렀다. 그날 그는 좋은 형이 되기로 마음먹었던 것이다.

신약성경에는 이런 행동을 가리키는 말이 나온다. 바로 '격려'(encouragement)라는 말이다. "그러므로 피차 권면하고(encourage) 서로 덕을 세우기를 너희가 하는 것같이 하라"(살전 5:11).

하나님은 우리를 격려하신다. 그분은 "인내와 위로(encouragement)의 하나님"(롬 15:5)이시다.

예수님도 마찬가지다. "우리 주 예수 그리스도와 … 하나님 우리 아버지께서 너희 마음을 위로하시고(encourage) 모든 선한 일과 말에 굳건하게 하시기를 원하노라"(살후 2:16-17).

요한복음 14-16장에서 예수님은 우리에게 성령님에 대해 알려 주시면서 성령님을 '파라클레토스'(parakletos)라고 부르셨는데, 이는 '격려자', '위로자'라는 뜻의 헬라어다.[1]

성경도 우리를 격려한다. "무엇이든지 전에 기록된 바는 우리의 교훈을 위하여 기록된 것이니 우리로 하여금 인내로 또는 성경의 위로(encouragement)로 소망을 가지게 함이니라"(롬 15:4).

천국의 성인들도 우리를 격려한다. "이러므로 우리에게 구름같이 둘러싼 허다한 증인들이 있으니 모든 무거운 것과 얽매이기 쉬운 죄를 벗어 버리고 인내로써 우리 앞에 당한 경주를 하자"(히 12:1 참조). 무수한 하나님의 자녀들이 우리를 격려한다. 경기장의 관중처럼 "구름같이 둘러싼 허다한 증인들"이 천국에서 박수를 치며 우리를 응원한다.

성부와 성자, 성령, 성경, 성인들 모두가 우리를 격려한다. 그리고 하나님은 그러한 격려에 큰 가치를 두신다.

격려는 "가까이 다가가 부를" 때 이루어진다. 그것이 우리가 '격려'에 해당하는 헬라어에서 받는 인상이다. '파라클레시스'(격려)라는 명사는 '파라'(para, 가까이)와 '칼레오'(kaleō, 부르다)의 합성어이기 때문이다.[2]

예수님은 이러한 격려의 본을 보여 주셨다.

베드로는 단순하고 우직하며 충동적인 제자였다. 그는 성급하게 아무 말이나 불쑥 내뱉곤 했다. 허세도 심했다. 하지만 예수님은 이 무뚝뚝한 어부의 내면에서 제자로 부르실 만한 무언가를 보셨다.

> 예수님은 가이사랴 빌립보 지방에 이르러 제자들에게 물으셨다. "사람들이 나를 누구라고 하느냐?" 그러자 제자들이 이렇게 대답하였다. "어떤 사람은 세례 요한이라고 하고 어떤 사람은 엘리야라고 하며 또 어떤 사람은 예레미야나 예언자들 중 한 사람이라고 합니다." "그러면 너희는 나를 누구라고 생각하느냐?" 하고 예수님이 다시 묻자 시몬 베드로가 "주님은 그리스도시며 살아 계신 하나님의 아들이십니다." 하고 대답하였다(마 16:13-16, 현대인의성경).

가이사랴 빌립보는 이스라엘과 이방 세계의 경계에 위치해 있었다. 남으로는 에티오피아에서부터 북으로는 오늘날의 터키에 이르는 드

넓은 지역의 상인들과 순례자들이 가이사랴 빌립보로 모여들었다. 고대 팔레스타인의 다른 도시들처럼 그곳은 인종의 용광로였다.

투박한 촌사람들인 예수님의 제자들은 가이사랴 빌립보의 국제적인 분위기에 침을 꿀꺽 삼켰을 것이다. 그들은 여인들이 유혹하는 소리와 술집의 시끌벅적한 소리를 듣고, 외국 음식의 독특한 냄새를 맡았을 것이다. 가이사랴 빌립보에서의 종교는 골목시장의 농산품과도 같았다. 그곳은 온갖 종류의 신을 섬기는 사람들로 가득했다.

예수님께서 제자들에게 "너희는 나를 누구라 하느냐?"라고 물으신 곳은 이처럼 다양한 종교와 문화가 혼재하는 지역이었다. 그 순간 침묵했을 제자들의 모습이 보이는 듯하다. 누군가 헛기침을 한다. 한두 명, 혹은 열 명이 한숨을 내쉰다. 그들의 바닥으로 향한 눈과 처진 어깨, 떨군 고개가 눈에 선하다.

마침내 시몬이 입을 연다. 우리는 그때까지 그 누구도 한 적 없는 놀라운 고백을 하기 전 시몬이 보였을 긴 침묵과 머뭇거림을 상상할 수 있다. 그는 갈릴리의 가난한 랍비를 바라보며 말한다. "주는 그리스도시요 살아 계신 하나님의 아들이시니이다"(마 16:16).

사전적 정의에 의하면 '그리스도'는 '기름 부음을 받은 자', 혹은 '선택받은 자'를 의미한다. 히브리인들에게 그리스도는 매우 특별한 존재였다. 그는 최종적인 선언(final word)이 아니라 유일한 말씀(only Word)이었다. 그런데 베드로는 대담하게도 예수님이 바로 그 '그리스도'시라고 선언했다.

이러한 고백에 예수님은 뛸 듯이 기뻐하셨다. "바요나 시몬아 네가 복이 있도다"(마 16:17). 요즘 말로 하면 "훌륭해! 잘했어! 좋았어! 합격!" 같은 뜻이다. 예수님께서 베드로에게 기립박수를 하신 셈이다. 마치 예수님께서 그 건장한 어부를 두 팔로 꼭 끌어안고 혹시라도 남아 있을지 모를 망설임을 모두 짜내 주시는 듯하다.

예수님은 심지어 그의 이름을 바꿔 주기까지 하셨다. 그때부터 시몬은 베드로가 되었다. 베드로는 '바위'라는 뜻이다. 바위처럼 굳건한 믿음을 표현한 시몬에게는 바위처럼 단단한 이름이 필요했다. 그래서 예수님은 그에게 베드로라는 이름을 주셨다.

그 순간 베드로의 기분이 어떠했을까? 친구들이 그를 바위라고 부를 때, 예수님께서 그의 어깨에 팔을 두르시며 "사랑한다, 바위야."라고 말씀하실 때, 밤에 바위라는 새로운 이름을 생각하며 잠들 때 베드로는 고무되었을까? 아마도 그랬을 것이다.

예수님은 베드로에게 격려자들이 하는 일을 하셨다. 그분은 베드로 안에 있는 가장 좋은 것들을 끄집어내셨다. 격려자들은 숙련된 석공의 솜씨로 칭찬과 영감의 석재를 쌓는다. 그러한 그들의 노력은 풍성한 결실을 맺는다. 수십 년간 결혼생활에 관해 연구해 온 존 고트먼(John Gottman) 박사는 행복한 부부들에게서 흥미로운 특성을 발견했다. 그것은 바로 건강한 가정은 긍정 대 부정의 비율이 5 대 1이라는 것이다. 다시 말해 행복한 부부는 부정적이거나 비판적인 말을 한 번 할 때마다 격려하는 말이나 행동을 다섯 번 했다.[3)]

비즈니스 세계에서도 비슷한 결과가 관찰되었다. 성공적인 리더십 유형에 관한 어느 연구에 따르면 탁월한 성과를 내는 팀은 긍정 대 부정의 비율이 6 대 1, 즉 부정적인 말을 한 번 할 때마다 긍정적인 말을 여섯 번 정도 했다. 반면에 성과가 저조한 팀은 긍정적인 말을 한 번 할 때마다 부정적인 말을 세 번 정도 했다.[4]

격려는 내 삶에도 영향을 미쳤다. 내가 우리 교회의 담임목사가 된 지 3년째 되던 해에 예전의 담임목사님이 돌아오셨다. 우리 시로 이사를 왔을 뿐 아니라 우리 교회에서 함께 섬기게 된 것이다. 찰스 프린스(Charles Prince) 목사님은 나보다 서른 살 어른이셨고, 하버드대학을 졸업하신 멘사 회원이었다. 반면에 나는 30대 중반의 신임 목사로 모든 일에 서툴렀다. 두 사람의 관계가 어색하고 힘들어질 수도 있었지만, 찰스 목사님이 먼저 내 사무실로 찾아와 걱정을 덜어 주셨다. 목사님은 나에게 이렇게 말씀하셨다. "우리 사이에 문제 될 일은 없을 거예요. 나는 목사님을 적극 응원할 테니까요."

목사님은 실제로 그렇게 하셨다! 그분이 세상을 떠날 때까지 25년간 늘 예배가 끝나면 내 등을 두드리며 "설교가 매주 더 나아지고 있어요!"라고 말해 주셨다. 그 말을 정말로 믿기는 어려웠지만 그래도 나는 늘 그분이 고마웠다.

그런 격려에는 미켈란젤로 효과가 있다. 미켈란젤로는 대리석 안에서 다윗의 형상을 보고 끌로 그 형상을 조각해 냈다. 격려자는 당신 안에 있는 최상의 것을 보고, 끌 대신 인정하는 말로 그것을 끄집어낸다.

『내 안의 긍정을 춤추게 하라』(Positivity)의 저자이자 사회심리학자인 바버라 프레드릭슨(Barbara Fredrickson) 박사는 긍정적인 정서가 우리로 하여금 보다 큰 그림을 보게 하고, 우리의 주변 시야를 확장시킨다고 주장한다. 긍정적인 정서는 우리의 마음을 열게 함으로써 인간관계를 더 좋게 하고, 활력을 불어넣음으로써 신체 건강까지 증진시킨다. 반면 중립적인 상태는 우리의 마음을 제한하며, 부정적인 정서는 우리의 마음을 더욱더 위축시킨다.[5]

쉽게 말해서 축구 코치가 선수의 골 득점률을 떨어뜨리고 싶다면 그 선수에게 화를 내며 고함을 지르면 된다. 반대로 그 선수가 보다 넓은 시야를 가지고 경기에 임하게 하려면 인정하는 말을 해 주면 된다. "사람들은 우리가 잔소리하는 대로 되는 것이 아니라 격려하는 대로 된다."[6]

한 어린 소년이 아빠에게 이렇게 말했다. "아빠, 우리 다트 게임 해요. 내가 던지면 아빠는 '잘했어!'라고 외치는 거예요."

사람은 누구나 "잘했다"는 말을 들어야 한다. 그 이유는 다음과 같다. 오늘날 우리 사회에는 사람들을 낙심시키려는 음모가 진행 중이다. 기업들은 수십억 달러를 들여서 우리가 스스로를 부족하다고 믿게 만들려 한다. 그들은 화장품을 팔기 위해 우리의 얼굴이 주름졌다고 말하고, 새 옷을 팔기 위해 우리의 옷이 구식이라고 말하며, 염색약을 팔기 위해 우리의 머리 색깔이 칙칙하다고 말한다. 광고 회사들은 우리 세대의 가장 똑똑하고 부유한 사람들을 이용하여 우리가 뚱뚱하고,

냄새나고, 추하고, 유행에 뒤졌다고 믿게 한다. 그렇게 우리는 공격당하고 있다!

우리는 다음과 같은 이야기에 공감할 수 있다. 목초지에서 풀을 뜯던 두 마리의 소가 지나가는 우유 배달 트럭을 보았다. 트럭의 옆면에는 '균질화 및 표준화 공법을 적용한 저온살균 우유. 비타민 A 첨가'라고 쓰여 있었다. 이것을 본 소가 다른 소에게 말했다. "저걸 보니 우리가 어딘가 부족하게 느껴지는걸. 안 그래?"

세상에는 스스로를 부족하게 여기는 사람이 너무 많다. 누가 사람들에게 진실을 말할 것인가? 당신이 말할 것인가? 당신은 세상에 격려를 퍼뜨리는가, 행복을 전파하는가? 모두에게 잊힌 채 무리 뒤쪽에 서 있는 아이를 앞쪽으로 부를 것인가? 사람들에게 우리가 하나님의 형상으로 창조되었음을 상기시킬 것인가? 우리가 선택받았으며 사랑받고 있음을 상기시킬 것인가? 하나님께서 우리를 위하신다는 것을 사람들에게 상기시킬 것인가? 우리가 하나님의 계획 안에 있음을 상기시킬 것인가? 사람들을 삼키려 하는 '결핍과 부족'이라는 파도와 정면으로 맞설 것인가? 세상의 있는 수많은 팀 스코트(Tim Scotts)에게 도움의 손길을 내밀 것인가?

'팀'은 힘든 유년기를 보냈다. 그가 일곱 살 때 부모님이 이혼하셨기 때문이다. 아프리카계 미국인 간호조무사였던 어머니는 하루에 열여섯 시간씩 일했지만 가난의 굴레에서 벗어날 수가 없었다. 친구들이 비디오 게임과 여자아이들에게 열중하던 십대 시절에 팀은 극장 매점에서 팝콘을 팔았다. 휴식 시간이 되면 길 건너편의 패스트푸드점으로 가서 감자튀김과 물로 허기를 채웠다. 존 모니즈(John Moniz)는 그 패스트푸드점의 주인이었다. 모니즈는 단골손님이었던 팀에게 왜 다른 음식을 더 사 먹지 않느냐고 물었다. 팀은 그럴 형편이 안 된다고 대답했다.

모니즈는 그 십대 소년의 어려운 처지를 알고 그를 격려하기로 마음먹었다. 어느 날 저녁, 모니즈는 샌드위치가 든 봉투를 들고 길 건너 극장으로 갔다. 두 사람은 대화를 나눴고, 곧 친구가 되었다. 얼마 후에는 모니즈가 팀의 멘토가 되었다. 모니즈는 팀이 학교에서 몇 과목을 낙제한 것을 알고 자신이 삶을 통해 배운 훈련과 책임에 대한 교훈을 들려주었다. 또한 그는 자신이 일터에서 적용한 성경적인 경영 원리들을 알려 주었고, 예수님에 대해서도 이야기해 주었다.

팀은 모니즈가 전해 주는 샌드위치와 지혜를 모두 흡수했다. 그렇게 점차 삶에 대한 기대감이 부풀기 시작할 때 비극이 발생했다. 모니즈가 서른일곱의 나이에 폐색전증으로 세상을 떠난 것이다. 팀은 친구의 무덤 앞에, 그리고 인생의 교차로에 홀로 남겨졌다. 하지만 기특하게도 그는 모니즈에게서 배운 것을 활용하기로 했다. 그는 먼저 '인생사명선언문'을 작성했다. 그것이 무엇인 줄 아는가? 바로 10억 명의 사람에게 긍정적인 영향을 끼치는 것이었다.

꽤 야심 찬 목표가 아닐 수 없다. 하지만 팀은 그 목표를 향해 꾸준히 나아가고 있는 듯하다. 2013년에 팀은 재건시대(미국 남북전쟁 및 그 이

후의 기간-역주) 이후 남부에서 배출한 최초의 아프리카계 미국인 상원의원이 되었다.[7]

이 모든 것은 샌드위치와 기꺼이 길을 건너가 약간의 격려를 해 준 한 사람에게서 시작되었다. 어쩌면 우리도 그와 같은 일을 할 수 있지 않을까?

주변에서 시몬 베드로 같은 사람들을 찾아보고 그들 안에 있는 바위를 이끌어 내라. 그러기 위해서는 다음과 같은 행동지침이 필요하다.

첫 번째, **주의 깊게 들으라**. 어느 날 혈루증을 앓는 여인이 절박한 심정으로 예수님을 찾아갔다. 그녀는 이미 여러 의사를 찾아다니며 재산을 허비한 터라 돈도 없고, 희망도 없었다. 하지만 가장 견디기 힘든 것은 친구가 없다는 것이었다. 여인은 병 때문에 부정한 몸이 되어 가족과도 단절되고 예배에도 참석하지 못했다. 그렇게 10년이 넘도록 사람들과 떨어져 지냈다. 그때 예수님께서 그녀가 사는 마을에 오셨다. 그분은 회당장의 딸의 병을 고치기 위해 가시는 중이었다. 구름 같은 인파가 몰리고 사람들이 서로 밀쳐 대는 바람에 예수님께 다가가기 힘들었지만, 여인은 필사적으로 움직였다. 마침내 사람들 사이로 팔을 뻗어 예수님의 옷자락을 만졌고, 그 순간 혈루 증상이 멎었다. 예수님께서 물으셨다. "내게 손을 댄 자가 누구냐?"(눅 8:45) 여인은 멈칫했다. 십여 년 동안 사람들로부터 거부당해 왔기에 그녀는 사람들에게 주목을 받는 것이 두려웠다. 하지만 예수님은 누군가 자신의 옷자락에 손을 댔다고 거듭 말씀하셨다. 결국 여인이 입을 열었다.

"여자가 자기에게 이루어진 일을 알고 두려워하여 떨며 와서 그 앞에 엎드려 모든 사실을 여쭈니"(막 5:33).

여인은 모든 사실을 여쭈었다! 누군가 그녀의 이야기를 들어 준 것이 얼마 만이었던가? 예수님은 시간을 내어 그녀의 이야기를 들어 주셨다. 그래서는 안 되는 이유가 있었음에도 그렇게 하셨다. 무리가 기다리고 있었고, 도시의 지도자들이 서 있었다. 소녀가 죽어 가고 있었고, 사람들이 서로 밀쳐 댔고, 제자들이 질문을 하고 있었다. 그런데도 예수님은 하던 일을 멈추고 그녀의 말에 귀를 기울이셨다. 그렇게까지 하실 필요가 없었다. 병을 낫게 해 주신 것만으로도 충분했다. 여인에게도, 무리에게도 그것으로 충분했다. 그러나 예수님께는 충분하지 않았다. 예수님은 병을 고쳐 주는 것 이상의 무언가를 하고 싶으셨다. 기적이 여인의 건강을 회복시켰고, 경청이 여인의 존엄성을 회복시켰다. 뿐만 아니라 그다음에 예수님께서 하신 일은 여인이 결코 잊을 수 없는 일이었다. 그것은 바로 예수님께서 그녀를 "딸"이라고 부르신 것이다. 예수님께서 여인을 그렇게 부르신 것은 복음서 전체를 통틀어 그때가 유일하다. "딸아 네 믿음이 너를 구원하였으니 평안히 가라"(눅 8:48).

당신도 누군가에게 이렇게 하라. 누군가에게 그의 이야기를 들려 달라고 청하라. 그의 말을 끊거나 바로잡아 주려고 하지 말라. TV를 끄고 인터넷 서핑을 멈추라. 노트북 컴퓨터를 닫고 휴대폰을 진동 모드로 전환하라. 그런 다음 가장 귀한 선물인 경청을 선사하라.

두 번째, **칭찬을 아끼지 말라.** 성경적인 격려는 무심코 하는 친절한 말이 아니라 상대방의 사기를 북돋기 위해 의도된 말이다. "서로 마음을 써서 사랑과 선한 일을 하도록 격려합시다"(히 10:24, 새번역성경). 여기서 "마음을 쓴다"(consider)는 말은 '명확하게 알고, 완전히 이해하고, 자세히 살핀다'는 뜻이다.[8]

'미운 네 살'이 된 딸 때문에 힘들어하는 어느 젊은 아빠가 있었다. 그의 귀여운 네 살 아이는 고집이 세고 좀처럼 엄마 아빠의 말을 듣지 않았다. 어느 날 아빠는 딸을 데리고 나와 함께 아침 식사를 하면서 자신과 아내가 딸을 얼마나 소중히 여기고 사랑하는지 말해 주기로 했다. 팬케이크 접시를 앞에 두고 아빠는 딸에게 말했다. "제니, 아빠가 너를 얼마나 사랑하는지, 그리고 네가 엄마 아빠에게 얼마나 특별한 아이인지 알면 좋겠어. 너는 우리가 몇 년 동안 기도해서 얻은 아이란다. 네가 이렇게 잘 자라 주어서 얼마나 자랑스러운지 몰라."

그가 말을 마치자 딸이 말했다. "조금 더요, 아빠. 조금 더 말해 주세요." 아빠는 딸을 인정하고 격려하는 말을 계속했다. 그가 다시 말을 멈추려 하자 딸은 계속해서 말해 달라고 청했고, 그 후에도 두 번 더 그렇게 했다. "그날 아침, 아버지는 제대로 식사를 못 했지만, 그의 딸은 그토록 필요로 하던 정서적 자양분을 섭취했어요. 며칠 뒤 그 아이는 자발적으로 엄마에게 달려가 이렇게 말했죠. '나는 정말 특별한 딸이에요, 엄마. 아빠가 그렇게 말했어요.'"[9]

당신 주변에도 격려가 필요한 사람이 있는가? 당연히 그럴 것이다.

모든 사람에게는 격려가 필요하기 때문이다. 그러므로 당신이 격려자가 돼라. "서로에게서 최선의 모습을 찾아보고, 언제나 그것을 이끌어 내기 위해 최선을 다하십시오"(살전 5:15, 메시지성경).

1930년대 중반에 YMCA 강사 한 사람이 상부에 강좌와 관련한 아이디어를 제시했다. 그것은 그가 미주리주 워런스버그에서 영업사원으로 일할 때 알게 된 원리에 입각한 것이었다. YMCA에서 그에게 하룻밤에 2달러씩 강사료를 지급할 형편이 안 된다는 것을 잘 알았던 그는 수강생 수만큼 커미션을 받는 것을 제안했다. 2년 뒤 그의 강의는 큰 인기를 끌었고, 하룻밤에 2달러가 아닌 30달러를 벌게 되었다.

그 이야기를 전해 들은 어느 출판사 간부가 그에게 그 이야기를 책으로 내라고 권하여, 마침내 그의 이야기가 책으로 출간되었다. 그 책이 바로 10년간 〈뉴욕타임스〉 베스트셀러 목록에 올랐던 데일 카네기(Dale Carnegie)의 『인간관계론』(How to Win Friends and Influence People)이다. 그 책의 메시지가 궁금한가? 간단히 말하면 '서로 격려하라'는 한 문장으로 요약할 수 있다. '대인관계의 비결'이라는 제목의 장(章)은 독자들에게 "기꺼이 인정해 주고 많이 칭찬해 줄 것"을 촉구한다.[10]

당신에게 한 가지 제안을 하겠다. 친구나 친척에게 전화해서 다음과 같은 말로 대화를 시작해 보라. "자네가 얼마나 좋은 사람인지 말할 수 있도록 120초만 시간을 내 줄 수 있겠어?" 그런 다음 그의 사기를 북돋아 주고, 그를 인정하는 말을 하라. 그가 민망해할 정도로 칭찬하라. 그가 격려의 말에 흠뻑 젖게 하라. 에베소 교인들에게 다음과 같이 말한 사도 바울을 본받으라. "나는 어떤 경우에도 인색하게 굴거나 잇속을 챙기지 않았고, 여러분의 삶에 변화를 가져다줄 진리와 격려의 말을 여러분에게 아낌없이 주었습니다"(행 20:20, 메시지성경).

몇 년 전 나는 휴스턴의 어느 젊은 목회자와 친구가 되었다. 근사한 식사를 마친 후 그가 내게 물었다. "혹시 핸드폰 문자를 하시나요?" (그는 내가 나이가 너무 많아서 문자를 하지 않을지도 모른다고 생각했다) 나는 그렇다고 대답했고, 우리는 전화번호를 교환했다. 며칠 후 그에게서 문자가 왔다. "목사님 이름을 다른 이름으로 저장하기로 했답니다. 목사님은 이제 '맥스'가 아니라 '마이티(mighty, 대단한) 맥스'예요!"

당신은 내가 어색한 표정으로 어깨를 으쓱했을 거라고 생각할 것이다. 나는 64세의 목사이고, 설교를 하거나 성경공부를 인도하는 등 공적인 활동을 주로 하니까 말이다. 마이티 맥스라니, 그런 건 초등학교 운동장에서나 불릴 법한 이름 아닌가?

하지만 내겐 그렇지 않다. 휴대폰에 그의 이름이 뜨면 나는 서둘러 그의 문자를 확인한다. 격려받는 것이 즐겁기 때문이다. 우리 모두는 격려받기를 좋아한다. 그러니 사람들을 행복하게 해 주라. 서로 격려하라.

누군가에게 대단하다고 말해 주라. 특별하다고 말해 주라. '바위'라고 불러 주라. 시몬 안에 있는 베드로를 이끌어 내라.

하나님께서 그 사람에게 주고 싶어 하시는 격려를 선물하라.

● 행복이 더해지는 묵상과 나눔

1. 데살로니가전서 5장 9-11절에서 바울은 데살로니가 교인들에게 이렇게 쓰고 있다.

   "하나님이 우리를 택하신 것은 벌하시기 위한 것이 아니라 우리 주 예수 그리스도를 통해 우리가 구원을 얻도록 하기 위한 것입니다. 예수님은 우리가 깨든지 자든지 자기와 함께 살게 하려고 우리를 위해 죽으셨습니다. 그러므로 여러분은 지금까지 생활해 온 그대로 서로 격려하며 도와주십시오"(현대인의성경).

   – 이 구절에 의하면 우리는 왜 서로 격려하며 도와야 하는가?
   – 서로 격려하는 것과 '그리스도 안에서' 서로 격려하는 것에는 어떤 차이가 있는가?

2. '격려'에 해당하는 헬라어는 '파라칼레오'(parakaleo)이다.[11]

   – '파라'(para)는 무슨 뜻이고, '칼레오'(kaleo)는 무슨 뜻인가?
   – '파라칼레오'의 의미를 생각할 때 예수님은 우리가 다른 사람들을 어떻게 격려하기 바라실 것 같은가?

3. 베드로가 예수님이 그리스도시라고 고백했을 때 예수님은 베드로에게 다음과 같은 격려의 본을 보이셨다.

   – 마태복음 16장 17절에서 예수님은 베드로에게 어떻게 반응하셨는가?
   – 예수님께서 당신을 이렇게 격려하셨다면 어떤 기분이 들 것 같은가?

4. 저자는 "건강한 가정은 긍정 대 부정의 비율이 5 대 1"이라는 연구 결과를 인용한다.

   – 당신의 가정이나 직장, 혹은 친구들 사이에서는 긍정적인 말 대 부정적인 말의 비율이 어느 정도 되는가?
   – 당신이 부정적인 말을 더 많이 하거나 듣는다면, 그 이유는 무엇이라고 생각하는가?
   – 당신이 긍정적인 말을 더 많이 하거나 듣는다면, 그 이유는 무엇이라고 생각하는가?

5. 당신은 삶의 어떤 영역에서 "사람들을 낙심시키려는 음모"를 경험했는가? 소셜미디어에서인가? 뉴스에서인가? 가족이나 친구들에게서인가? 교회에서인가?

   – 그러한 경험이 당신에게 어떤 영향을 미쳤는가?
   – 그러한 경험이 당신이 세상과 다른 사람들을 보는 방식에 어떤 영향을 미쳤는가?

6. 고린도후서 12장 9절과 갈라디아서 4장 7절, 에베소서 1장 7절, 베드로전서 2장 9절을 읽으라.

   – 이 성경구절들은 그리스도 안에서 우리가 어떤 사람들이라고 말하는가?
   – 이러한 진리가 우리를 낙심시키려는 음모에 맞서 싸우는 데 어떻게 도움이 되는가?
   – 이 성경구절들 중 오늘 당신이 스스로를 격려하는 데 도움이 될 만한 구절은 무엇인가?
   – 이 성경구절들 중 당신이 다른 누군가를 격려하는 데 도움이 될 만한 구절은 무엇인가?

7. 저자는 다른 사람을 격려하여 "그들 안에 있는 바위를 이끌어 낼" 두 가지 방법을 제시한다. 그중 하나는 주의 깊게 듣는 것이다.

   – 경청이 누군가를 어떻게 격려할 수 있는가?
   – 마가복음 5장 33절에서 혈루증을 앓는 여인은 예수님께 모든 사실을 말씀드린다. 그녀의 말을 주의 깊게 들으시는 예수님을 보고 여인이 무엇을 느꼈을 것 같은가?
   – 친구가 당신에게 비밀을 털어놓을 때 당신은 어떻게 반응하는가? 성급하게 당신의 의견을 말하는가, 아니면 먼저 그의 말에 귀를 기울이는가? 왜 그렇게 반응하는가?
   – 마지막으로 누군가가 당신의 말을 경청한 때가 언제였는가? 그때 어떤 기분이 들었는가?
   – 당신이 누군가의 말을 주의 깊게 들어줌으로써 격려할 수 있는 사람이 있는지 살펴보라.

우리가 서로를 격려할 수 있는 또 다른 방법은 칭찬을 아끼지 않는 것이다.

   – '격려'에 해당하는 헬라어 '파라칼레오'는 신약 성경에 110번 등장한다. 이 말이 이렇게 빈번히 사용되는 것은 서로 칭찬하라는 가르침에 대해 무엇을 말해 주는가?

- 격려의 말을 들으면 어떤 기분이 드는가? 기운이 나는가, 아니면 마음이 불편해지는가? 왜 그렇다고 생각하는가?
- 단순히 누군가를 격려하기 위해 그에게 전화를 걸라는 저자의 제안에 대해 어떻게 생각하는가? 자연스럽게 여겨지는가? 누군가가 당신에게 그렇게 한다면 어떤 기분이 들 것 같은가?

8. 저자는 같은 교회에서 그를 격려해 준 찰스 프린스라는 사람에 대한 이야기를 들려주었다.

- 찰스의 격려가 저자에게 어떤 영향을 미쳤는가?
- 현재 당신의 삶 속에 찰스 프린스 같은 사람이 있는가? 만약 그렇다면 그는 누구이고, 어떤 식으로 당신을 격려하는가?
- 과거에 당신의 삶 가운데 찰스 프린스 같은 사람이 있었는가? 그는 어떤 식으로 당신을 격려했는가?

9. 이번 주에 당신이 그 안에서 바위를 이끌어 내는 방식으로 격려해 줄 한 사람을 정하라.

- 당신은 그 사람을 어떻게 격려할 것인가? 그의 말을 주의 깊게 들어 줄 것인가? 칭찬을 아끼지 않을 것인가?
- 누군가를 격려한 후에 어떤 기분이 드는지 돌아보라. 성경적인 방식으로 다른 누군가를 격려함으로써 그 사람을 행복하게 해 줄 때 당신도 행복해지는가?

3
짜증을 키우지 말라

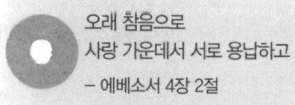

오래 참음으로
사랑 가운데서 서로 용납하고
- 에베소서 4장 2절

그는 공공장소에서 이를 쑤신다.

그녀에게는 몇 분 간격으로 헛기침을 하는 특이한 버릇이 있다.

그는 뉴스를 볼 때마다 꼭 자신의 의견을 쏟아낸다.

그녀는 화장할 때 늘 라디오를 크게 틀어 놓는다.

그는 혼잡한 도로를 운전할 때 수시로 끼어들기를 시도한다.

그녀는 종종 사람들의 말을 끊는다.

그는 고슴도치처럼 신경이 곤두서 있다.

그녀는 지나치게 느긋하고 목소리가 작다.

그는 사람을 성가시게 한다.

그녀는 사람을 피곤하게 한다.

이런 사람들을 보면 언짢고, 짜증나고, 불쾌하고, 화가 난다. 으윽!

사람들이 불쾌한 습관이나 행동을 그만둘 수 있다면 얼마나 좋을까? 탈취제를 뿌리고, 구강청정제를 사용하고, 음식을 입에 넣은 채 말을 하지 말고, 우는 아기를 달래고, 자기 집 앞마당의 지저분한 잔디를 말끔하게 손질한다면 얼마나 좋을까?

우리는 세상이 돌아가는 올바른 방식이 있다고 생각한다. 그리고 다른 사람들이 우리가 싫어하는 방식으로 행동하면 짜증을 낸다. 우리를 짜증나게 하는 것은 적대적인 경쟁 관계나 법률 위반 같은 것들이 아니다. 아주 사소한 것들이다.

얼마 전 나는 저녁에 데날린과 함께 영화를 보러 갔다가 짜증스러운 상황을 경험했다. 무척 재미있는 영화라서 극장 안은 사람들로 가득했다. 빈자리가 거의 없었지만, 다행히 맨 뒤에서 두 번째 줄, 통로 옆 두 자리가 비어 있었다.

영화는 정말 재미있었다. 내 뒷자리에 앉은 남자도 그렇게 생각한 듯했다. 그런데 그는 영화 감상에 새로운 차원을 더해 주었다. 사람들이 웃을 때마다 그는 한 박자 먼저 웃음을 터뜨렸다. 우스운 장면이 나올 것 같으면 가슴속에서 울려 나오는 듯한 소리로 "하하하" 웃기 시작했다. 그러고는 그의 아내에게 그다음에 어떤 장면이 나올지 알려 주었고, 결국 우리 모두에게 알려 준 셈이 되었다. "이제 남자가 넘어질 거야. 잘 봐, 여보. 연석을 못 보고 넘어질 거라고. 오, 넘어진다, 넘어진다." 남자가 넘어진 뒤에는 "그것 봐, 내 말이 맞지? 넘어졌네, 넘어졌어!" 하고 말했다. 그러면서 벽이 흔들릴 정도로 크게 웃어 대는 바람에 그다음 대사 몇 마디가 들리지 않았다. 정말 특이한 행동이었다.

당신을 짜증나게 하는 것은 무엇인가?

내가 아는 어떤 여자는 남자들이 수염을 기르는 것에 질색한다. 거기에는 아마도 프로이트의 이론으로 설명될 만한 무언가가 있을 것이다. 프로이트도 수염을 길렀지만 말이다. 무슨 이유 때문인지 모르겠지만 어쨌거나 그녀는 수염을 싫어했다. 내가 수염을 길렀을 때 그녀는 불쾌감을 표시했다. 한두 번이 아니었다. 예배가 끝난 뒤 바깥에서 나를 기다리고 있다가 자신의 의견을 말한 적도 몇 번 있었다. 그럴 때마다 나는 '이런 일로 이렇게까지 할 필요가 있을까?' 하는 생각이 들었다.

기쁨은 매우 귀중한 자산이다. 왜 사소한 일에 낭비하는가?

우리가 짜증을 낼 때 하는 말들은 실제로 고통받는 사람이 누구인지 보여 준다.

"마음에 안 들어."

"눈에 거슬려."

"신경을 긁어."

누구의 마음이고, 누구의 눈이고, 누구의 신경인가?

바로 우리의 마음이고, 우리의 눈이고, 우리의 신경이다.

누가 고통받는가?

우리다! 짜증을 낼 때마다 우리가 가진 기쁨의 잔고가 줄어든다.

탁구공 한 바구니가 당신의 하루치 행복을 나타낸다고 가정하자. 당신이 짜증을 낼 때마다 바구니에서 공이 하나씩 빠져나간다.

'그가 지저분한 옷을 바닥에 그대로 두었어.' 기쁨의 공 하나가 사라진다.

'그녀는 화장하는 시간이 너무 오래 걸려.' 떼구루루! 또 하나의 공이 사라진다.

'사람들이 왜 문신을 하는지 이해를 못 하겠어.'

'내가 문신한 게 왜 문제가 되는지 모르겠네.'

'대형 트럭이라고 해서 주차 공간을 두 자리나 차지하는 건 말이 안 되지!'

'목사들은 수염을 기르면 안 돼!'

기쁨의 공이 하나씩 사라지고, 결국에는 모든 기쁨이 사라진다.

당신의 행복 바구니에 구멍이 났다면 어떻게 다른 사람들을 미소 짓게 할 수 있겠는가?

그것은 불가능하다. 사도 바울이 "인내와 사랑으로 서로 너그럽게 대하라"고 말한 것은 그런 연유다(엡 4:2, 현대인의성경).

여기서 "인내"에 해당하는 헬라어는 '오래'(long)의 의미를 갖는 단어와 '누그러진, 부드러워진'(tempered)의 의미를 갖는 단어가 합쳐진 합성어다.[1]

성마른(short-tempered) 사람은 사소한 일에도 민감한 반응을 보인다. 인내하는 사람은 오래 참는다(long tempered). 'tempered'의 문자적인 의미는 '그만두기까지 시간이 오래 걸린다'는 뜻이다.[2] 다시 말해 금세 과열되지 않는 것이다. 짜증나는 일들이 우리의 삶을 갉아먹게 하면 안 된다.

인내하는 사람은 세상 사람들의 온갖 기벽을 보지만, 거기에 반응하기보다 너그러이 받아 준다. 우리는 서로를 기뻐하고 즐거워할 때가 많다. 하지만 단지 서로를 참아 주는 것만으로도 엄청난 인내심이 필요할 때가 있다. 바울이 말한 "인내"가 바로 그런 뜻이다. 참고, 견디고, 너그러이 받아 주는 것이다. 다른 성경 번역을 보면 그 의미가 보다 명확해진다.

"오래 참음으로써 사랑으로 서로 용납하십시오"(새번역)

"겸손과 온유와 인내를 다하여 사랑으로 서로 너그럽게 대하십시오"
(공동번역)

기벽의 제왕인 나와 37년간 결혼생활을 해 온 데날린은 이 주제에 관해서라면 거의 박사급이다. 이를테면 다음과 같은 식이다.

나는 운전할 때 딴생각을 할 때가 있는데, 그럴 땐 차가 기어간다. **"맥스, 운전에 집중해요."**

나는 무리해서 물건을 수리하다가 완전히 망가뜨리곤 한다. **"맥스, 내가 서비스센터에 맡기자고 했잖아요."**

나는 한밤중에 깨서 잠자리를 옮기곤 한다. 별다른 이유는 없다. 그냥 새로운 초장에서 눈을 뜨고 싶은 것뿐이다. **"맥스, 지난밤에 어디서 잤어요?"**

나는 스테이크를 먹을 때 턱에서 소리가 난다. **"맥스, 옆자리에 있는 사람들이 쳐다보잖아요."**

나는 파티에 참석해서 30분 이상 머물지 못한다. 데날린은 두 시간이 넘게 있을 수 있다. **"맥스, 우리 이제 막 도착했어요."**

나는 마트에 가면 이곳저곳을 헤매고 다니느라 언제 돌아올지 모른다. **"두 시간 동안 사 온 게 겨우 감자칩 하나예요?"**

하지만 데날린은 동네에서 가장 행복한 사람이다. 그녀의 친구들이나 내 딸들에게 물어보라. 그들은 데날린이 괴짜와 결혼했지만 그래도 축제를 즐기는 아이와 같은 수준의 기쁨을 누리고 있다고 대답할 것이다. 데날린의 비결은 바로 그녀가 나의 특이한 버릇을 즐기는 법을 안다는 것이다. 그녀는 내가 사람들을 즐겁게 해 준다고 생각한다. 누가 그런 생각을 할 수 있겠는가? 데날린의 눈에 나는 아카데미 괴짜상 후보다.

분명히 말해 두지만, 데날린은 자기 의견을 곧잘 말하는 편이다. 나는 내가 언제 데날린의 인내심을 시험했는지 안다. 하지만 시험에 실패할 것을 두려워한 적은 없다. 이 점이 나를 더 행복하게 한다.

행복은 감정이라기보다 결정이다. 서로를 참아 주겠다는 결정.

사람들이 당신을 참아 주지 않는다고 생각되는가? 다음에도 그 사람들과 함께 사는 게 힘들게 느껴지거든, 당신과 함께 사는 것은 어떨지 상상해 보라.

예수님의 말씀을 빌리자면, 자기 눈 속에 있는 들보는 보지 못하고 남의 눈 속에 있는 티끌에만 신경 쓰는 사람이 되지 말라. 예수님께서 농담을 모르시는 분이라고 생각하는 사람은 산상수훈에 나오는 다음과 같은 말씀을 읽지 않은 사람이다.

어찌하여 형제의 눈 속에 있는 티는 보고 네 눈 속에 있는 들보는 깨닫지 못하느냐? 보라, 네 눈 속에 들보가 있는데 어찌하여 형제에게 말하기를 나로 네 눈 속에 있는 티를 빼게 하라 하겠느냐? 외식하는 자여 먼저 네 눈 속에서 들보를 빼어라. 그 후에야 밝히 보고 형제의 눈 속에서 티를 빼리라(마 7:3-5).

예수님은 눈에 나무막대가 들어 있는 사람을 상상하셨다. 나무막대는 마치 피노키오의 코처럼 툭 튀어나와 있어서, 그 사람이 뒤를 돌아볼 때마다 주변 사람들이 몸을 피한다. 그의 아내는 나무막대에 부딪

힐까 봐 그와 함께 자는 것을 거부한다. 그는 골프를 칠 수도 없다. 그가 공을 내려다볼 때마다 나무막대가 땅에 닿기 때문이다.

하지만 그는 자기 눈 속에 나무막대가 있다는 것을 알아차리지 못한다. 다른 사람들이 빤히 쳐다보면 자기가 입은 셔츠가 마음에 들어서 그러는 줄 안다. 그는 자기 눈 속의 들보는 보지 못하지만 길 건너편의 남자가 티슈로 눈을 닦아 내는 모습은 놓치지 않는다. 그는 침착하게 좌우를 살피고 길을 건너며 양방향의 사람들을 흩어 놓고 이렇게 외친다. "조심해요. 눈에 무언가가 들어가면 해로울 수 있어요." 그런 다음 만족스러운 미소를 띤 채 우쭐대며 길을 걸어간다.

기이한가? 물론이다. 정곡을 찔렀는가? 그렇다. 우리는 다른 사람의 일에 대해서는 매의 눈으로 살피면서 정작 우리 자신의 일에 대해서는 두더지처럼 눈이 어둡다. 솔직히 우리는 다른 사람을 변화시키는 데 너무 많은 시간을 들이고 있지 않은가? 우리 자신의 잘못보다는 친구들의 잘못을 더 잘 찾아내지 않는가?

우리는 고속도로를 달리는 어떤 남자와도 같다. 그 남자는 운전 중에 걸려 온 아내의 전화를 받았다. 아내는 몹시 놀란 상태였다. "여보, 조심해요. 방금 라디오에서 들었는데, 어떤 차가 고속도로를 역주행하고 있대요!" 남편의 어조도 아내 못지않게 긴박했다. "말도 마. 역주행하는 차가 한두 대가 아니야. 수백 대라고!"

이 세상에 보다 많은 관용이 필요하다고 생각하는가? 그렇다면 관용을 베풀라. 사람들이 불평을 멈추기 바라는가? 당신이 불평을 멈추면 이 세상에 불평하는 사람이 한 사람 줄어든다. 아무도 자선기금 모금에 참여하지 않는가? 당신이 참여하면 모금액이 늘어난다. 세상을 바꾸고 싶다면 당신 자신에서부터 시작하라. 다른 사람들의 눈 속에 든 티끌을 지적하기 전에 당신 눈 속에 있는 들보부터 제거하라.

D. L. 무디는 당대의 가장 영향력 있는 그리스도인 중 하나였다. 그는 수천 명을 신앙의 길로 인도하였고 많은 학교와 훈련원을 설립했다. 그러한 성공에도 불구하고 그는 겸손하고 너그러운 사람으로 알려져 있다. 그는 "나는 지금 D. L. 무디 때문에 너무 골치가 아파서 다른 사람을 흠잡을 시간이 없다"고 말한 것으로 유명하다.[3]

예수님은 건설적인 비판까지 금하신 게 아니다. 단지 모든 일에는 순서가 있음을 말씀하셨을 뿐이다. "**먼저** 네 눈 속에서 들보를 빼어라. 그 후에야 밝히 보고 형제의 눈 속에서 티를 빼리라"(마 7:5, 저자 강조).

살다 보면 목소리를 내야 할 때가 있다. 하지만 그러기 전에 먼저 동기를 점검하라. 목표는 돕는 것이지 상처를 주는 것이 아니다. 다른 사람들을 판단하기에 앞서 스스로를 돌아보라. 그들의 입장이 되어 생각해 보라.

우리는 누구나 실수할 때가 있다. '마리'라는 이름의 92세 여성도 그랬다. 마리는 자신처럼 나이가 많은 사람에게는 크리스마스 선물을 사러 다니는 일이 너무 힘들다고 생각했다. 그래서 가족과 친구들에게 선물 대신 수표를 보내기로 했다. 그녀는 카드에 '이것으로 가지고 싶은 것을 사렴.'이라고 썼다.

마리는 크리스마스를 기분 좋게 보냈다.

그런데 얼마 후 책상 서랍을 정리하다가 종이 뭉치 밑에서 카드에 동봉했어야 할 수표들을 발견했다! 그 순간 그녀가 얼마나 낙심했을지 상상해 보라.[4]

나도 그런 실수를 했을 수 있다. 우리 모두가 자신은 그럴 생각이 전혀 없으면서 남들에게만 우리를 참아 주기를 바라고 있지는 않은가?

결혼 30주년을 맞은 내 친구가 행복한 결혼생활의 비결을 들려주었다. "신혼 초에 아내가 그러더군. 사소한 일은 모두 자신이 결정하고 중요한 일이 생기면 내게 상의하겠다고. 그런데 말이야 지금까지 살아오면서 중요한 결정을 내릴 일이 한 번도 없었어."

정말 재미있는 이야기다. 인생에서 중요한 결정을 내릴 일이 그리 많지 않다는 것을 아는 것이 지혜다. 대부분의 세상일은 사소하다. 사소한 일에 기운을 빼지 않으면 기운 빠질 일이 그리 많지 않을 것이다.

앞으로도 당신은 인내심을 시험당할 것이다. 어떤 운전자는 깜빡이 켜는 것을 잊어버릴 것이고, 어떤 탑승객은 비행기 안에서 큰 소리로 떠들 것이다. 어떤 쇼핑객은 열 개 이하의 물품을 구매할 때만 이용할 수 있는 소량 계산대에서 열다섯 개를 계산하려 할 것이다. 당신의 남편은 뱃고동처럼 요란하게 코를 골 것이고, 당신의 아내는 주차선을 무시한 채 차 두 대를 주차할 수 있는 공간 한가운데에 주차를 해 놓을 것이다.

그럴 때면 탁구공 바구니를 생각하라. 단 하나의 공도 포기하지 말

라. 아무리 짜증스러운 일도 당신이나 다른 사람들의 기쁨과 맞바꿀 만큼 중요하지 않다.

극장에서 내 뒷자리에 앉아 있던 사람을 기억하는가? 그날 나는 방금 당신이 읽은 내용을 떠올리며 그동안 내가 설교해 온 것들을 실천하기로 마음먹었다. 내 뒷자리에 앉은 사람에게 화를 내기보다 그와 함께 웃기로 한 것이다. 나는 그가 우스운 장면을 예고하는 웃음을 터뜨릴 때 함께 웃고, 그가 잠시 후에 벌어질 일에 대해 그의 아내에게 설명할 때 함께 웃었다. 그가 웃을 때 나도 웃었다. 그리고 그가 웃는 게 우스워서 또 웃었다. 나는 양쪽에서 즐거움을 얻는 기분이 들었다. 앞쪽의 스크린과 뒤쪽의 그 남자에게서 스테레오로 즐기는 코미디인 것이다! 마치 동시 상영 영화를 보는 것 같았다.

인내에는 부메랑 효과가 있다. 우리는 서로를 참아 줄 때 우리의 기쁨을 보존하는 동시에 미소 지을 새로운 이유를 발견한다.

서로를 참아 주는 게 쉬울까? 아니다.

필요한 일일까? 절대적으로 그렇다.

짜증을 내며 보내기에는 우리 인생이 너무 소중하고 짧다.

내가 가장 좋아하는 장소 중 하나는 우리 집에서 몇 분 거리에 있는 과달루페 강(Guadalupe River) 인근의 작은 숲이다. 그곳은 참으로 평화로운 장소다. 머리 위로는 양털 구름이 떠다니고, 높은 절벽이 강한 바람을 막아 준다. 바위 사이로 농어가 헤엄쳐 다니고, 강둑에는 풀이 자란다. 그곳의 나무들은 또 얼마나 아름다운지 모른다! 강가에 사이프러스가 줄지어 서 있고, 숲속에는 메스키트와 텍사스참나무가 군락을 이룬다. 나무들은 팔을 벌린 채 양분이 풍부한 토양에 단단히 뿌리를 내리고 있다. 추운 겨울을 견디고 따뜻한 여름을 반긴다.

그 나무들은 한결같이 구부러져 있다. 곧게 뻗은 나무가 하나도 없다. 모두 휘어지고 비틀어졌다. 완벽한 나무는 없지만, 그 나무들이 모여 완벽하게 평화로운 장소를 제공한다. 낚시꾼들이 나무 그늘에서 졸고, 새들이 나뭇가지에 둥지를 튼다. 다람쥐가 나무 둥치를 파내어 보금자리를 만든다.

우리는 구부러진 나무들로 이루어진 그 숲과 같다. 똑바로 서려 하지만 아무도 성공하지 못한다. 비틀어지고, 뒤틀리고, 옹이가 박혔다. 줄기에 이끼가 끼기도 하고, 가지가 무거워서 축 늘어지기도 한다. 그렇게 우리는 모두 구부러진 나무들이다. 하지만 괜찮다.

우리의 구부러짐에는 아름다움이 있다. 그러므로 구부러진 나무들로 이루어진 사회를 즐기라. 사람들을 너그럽게 대하라. 여유를 가지라. 불평을 줄이고, 사람들을 용납하라.

사람들의 그 모든 특이한 습관이나 행동에도 불구하고 세상은 참으로 멋진 곳이고 살 만한 곳이다. 세상의 아름다움을 더 빨리 발견할수록 당신은 더 행복해질 것이다.

● 행복이 더해지는 묵상과 나눔

1. 당신을 짜증나게 하는 것은 무엇이고, 그 이유는 무엇인가? 그런 것들이 짜증스럽게 느껴진 지 오래되었는가, 아니면 비교적 최근의 일인가?

2. 짜증스러운 행동 때문에 고통받는 사람은 그런 행동을 하는 사람이 아니라 그런 행동을 보고 짜증을 내는 사람이다. 당신은 무언가에 짜증을 느껴 기쁨을 빼앗긴 적이 있는가?

3. 당신은 '인내'를 어떻게 정의하는가?

4. 당신은 자신이 인내하는 사람이라고 생각하는가?

   - 당신이 참기 힘든 상황에는 어떤 것들이 있는가? 그러한 상황이 참기 힘든 이유는 무엇인가?
   - 당신이 비교적 잘 참을 수 있는 상황에는 어떤 것들이 있는가? 그러한 상황을 잘 참을 수 있는 이유는 무엇인가?

5. 에베소서 4장 1-3절에서 바울은 모든 상황에서 어떻게 반응하라고 말하는가?

6. 우리는 다른 성경 번역본들을 살펴봄으로써 '인내'의 성경적인 의미를 보다 잘 이해할 수 있다. 새번역성경에는 에베소서 4장 1-3절이 다음과 같이 번역되어 있다. "그러므로 주님 안에서 갇힌 몸이 된 내가 여러분에게 권합니다. 여러분은 부르심을 받았으니, 그 부르심에 합당하게 살아가십시오. 겸손함과 온유함으로 깍듯이 대하십시오. 오래 참음으로써 사랑으로 서로 용납하십시오. 성령이 여러분을 평화의 띠로 묶어서, 하나가 되게 해 주신 것을 힘써 지키십시오."

   - 여기서 '인내' 대신에 사용된 말은 무엇인가?
   - 이 번역은 인내의 의미를 이해하는 데 어떻게 도움이 되는가?

- 바울은 자신을 "주님 안에서 갇힌 몸"으로 묘사한다. 이는 비유적인 표현이기도 하지만 문자 그대로의 사실이기도 하다. 바울은 복음을 전하다 감옥살이를 했고, 생애의 마지막 2년은 로마에서 가택 연금 상태로 지냈다. 그가 오래 참음에 대해 말하면서 왜 이러한 사실을 독자들에게 상기시켰다고 생각하는가?
- "오래 참음"은 하나님의 부르심을 받은 성도의 특성 중 하나로 제시되었다. "오래 참음"이 어떻게 우리를 하나님의 부르심을 받을 만한 사람으로 만들어 주는가?
- 복음서에서 예수님은 어떻게 오래 참음을 보여 주시는가?

7. 이제 현대인의성경으로 에베소서 4장 2절을 보자. "언제나 겸손하고 부드러우며 인내와 사랑으로 서로 너그럽게 대하고."

- 인내는 겸손과 어떤 관련이 있는가?
- 인내가 어떻게 서로를 너그럽게 대하도록 하는가?
- 다른 사람들이 당신과 함께 살거나 관계를 맺을 때 어떻게 느낄지 생각해 보라. 다른 사람들을 힘들게 할 당신의 성격적인 특성이나 단점에는 어떤 것이 있는가?
- 날카롭게 구는 당신을 너그럽게 대해 준 사람에 대해 이야기해 보라. 그 사람이 당신에게 어떤 인내를 보여 주었는가? 그 일로 인해 당신은 그 사람에게 어떤 느낌을 받았는가?

8. 마태복음 7장 3-5절을 읽으라.

- 예수님은 다른 사람의 눈 속에 있는 티를 지적하기 전에 어떻게 하라고 하셨는가?
- 당신은 당신의 눈 속에 있는 들보를 제거하는 편인가, 아니면 다른 사람의 눈 속에 있는 티를 지적하는 편인가? 왜 그러는 것 같은가?

9. 저자는 "다른 사람들을 판단하기에 앞서 스스로를 돌아보라. 그들의 입장이 되어 생각해 보라"고 말한다.

- 당신을 짜증나게 하는 사람, 그의 눈 속에 티가 들어 있어서 거기에 대해 꼭 말해 주고 싶은 사람을 떠올려 보라. 어떻게 하면 그 사람의 입장에서 생각할 수 있을까?
- 그 사람의 입장에서 생각하면 그의 눈 속에 있는 티에 대한 시각이 달라질까?

10. 전에는 당신을 짜증나게 했지만 더 이상 그러지 않는 것이 있는가? 그것이 무엇인가? 그것에 대한 불쾌감을 어떻게 극복했는가?

11. 이 장 말미에서 저자는 과달루페 강가의 나무들을 묘사한다. 그는 나무들이 곧게 뻗지 않고 구부러졌지만 사람들과 동물들, 새들에게 휴식처를 제공한다고 말한다.

    - 저자는 어떻게 우리를 그 나무에 비유하는가? 그러한 비유에 대해 어떻게 생각하는가?
    - 당신의 인내심을 시험하는 특이한 습관이나 행동을 한 가지만 꼽는다면 무엇인가?
    - 어떻게 이 '구부러짐'을 짜증스러운 것이 아니라 창조 세계의 아름다운 일면으로 볼 수 있을까?

4
제2 바이올린의 감미로운 선율

각각 자기보다
남을 낫게 여기고
– 빌립보서 2장 3절

피아노를 샀을 때 우리 집은 온통 잔치 분위기였다. 데날린은 피아노 치는 것을 좋아했고, 우리는 그녀의 그러한 열정을 딸들도 공유하기 바랐다.

당시 제나는 다섯 살이었고, 안드레아는 세 살, 세라는 갓난아기였다. 아이들은 피아노를 연주하기에 아직 어렸지만, 아빠를 위한 콘서트를 열기에는 어리지 않았다. 그래서 아이들은 거의 매일 밤 콘서트를 열었다. 어쩌면 잠자리에 들 시간을 늦추려는 작전이었는지도 모르겠다. 만약 그랬다면 그 작전은 효과가 있었다.

"아빠, 피아노로 노래 한 곡 쳐 줄까요?"

"나도요, 아빠. 나도 피아노를 쳐 줄게요."

딸들의 이런 요청을 어떤 아빠가 거절할 수 있겠는가? 나는 늘 "그렇게 하렴."이라고 대답했다. 이러한 장면은 자주 되풀이되었다. 잠옷을 입고 피아노 의자에 앉은 어린 소녀의 발이 의자 밑으로 대롱거린다. 목욕을 한 후라 머리가 젖어 있다. 피아노를 친다기보다는 건반을 두드리는 정도다. 다 치고 나면 아이는 의자에서 폴짝 뛰어내려 절을 한다. 나는 박수를 친다. 데날린도 박수를 친다. 그다음은 둘째의 순서다. 이 같은 장면이 반복되었다. 참으로 즐거운 시간이었다. 대부분의 저녁 시간이 그러했다. 아이들이 싸울 때만 빼고 말이다(미안하구나, 제나, 안드레아. 하지만 너희가 몇 번 싸운 적이 있단다).

안드레아의 의견에 따르면 제나는 피아노를 너무 오래 쳤다. 안드레아는 제나 옆으로 기어올라가 제나를 의자에서 밀어 내곤 했다. 안드레아가 아무렇게나 건반을 두드려서 제나가 제대로 치는 법을 알려 주겠다고 고집을 부리기도 했다. 안드레아는 도움을 원치 않았고, 그러다 결국 말다툼이 벌어졌다.

"아빠, 안드레아가 제대로 치지 않잖아요."

"아빠, 이제 내 차례예요."

"아빠, 아빠!"

아이들이 알지 못했던 것, 그리고 내가 설명하고 싶었던 것은 내가 그들의 솜씨를 평가하지 않는다는 것이었다. 아빠는 아이들의 연주에 감동받지 않아도 되었다. 아빠에게는 연주회나 발표회, 콘서트 같은 것은 필요 없었다. 아빠는 그냥 딸들과 함께 있는 게 즐거웠을 뿐이다. 하지만 경쟁과 비교가 나의 어린 딸들을 폭군으로 만들었다. 그래서 나는 "그냥 함께 있으면 안 되겠니?"라고 말하곤 했다.

예수님도 두 자매에게 비슷한 말씀을 하신 적이 있다. 그날 그들 자매의 집에서는 경쟁과 비교 때문에 즐거운 저녁 시간이 엉망이 될 뻔했다.

예수님의 일행이 예루살렘으로 가는 도중 어느 마을에 들어갔을 때 마르다라는 여자가 예수님을 자기 집에 모셔 들였다. 그녀에게는 마리아라는 동생이 있었는데 주님 앞에 앉아 말씀을 듣고 있었다. 그러나 마르다는 여러 가지를 준비하느라고 마음이 산란하였다. 마르다가 예수님께 와서 "주님, 제 동생이 모든 일을 저 혼자 하도록 내버려 두고 있는데도 그냥 보고만 계십니까? 저를 좀 도와주라고 하십시오." 하자 예수님이 마르다에게 대답하셨다. "마르다야, 마르다야, 네가 많은 일로 염려하고 걱정하는구나. 그러나 꼭 필요한 것은 한 가지뿐이다. 마리아는 좋은 편을 택했으니 아무에게도 그것을 빼앗기지 않을 것이다"

(눅 10:38-42, 현대인의성경).

복음서 저자인 누가는 첫 문장에서 마르다의 성격에 관해 몇 가지를 암시하고 있다. "마르다라는 여자가 예수님을 자기 집에 모셔 들였다"(눅 10:38, 현대인의성경).

마르다는 1인 환영위원회였다. 예수님을 모신 것은 마리아와 마르다가 아니었다. 마르다와 마리아와 나사로가 아니었다. 마르다 혼자였다.

내 상상 속에서 마르다는 현관에 서서 예수님을 '자기 집'에 모셔 들인다. '그들의 집'이 아니라 그녀의 집으로 말이다. 그곳에는 나사로도 살고 마리아도 살지만 마르다의 영역이다. 그리고 지금은 마르다의 순간이다. 그녀는 두 팔을 벌리고 말한다. "예수님, 들어오세요!" 이날은 잔칫날이다. 그리고 마르다는 "여러 가지를 준비" 중이다(40절, 현대인의성경).

그녀는 예수님을 거실로 안내하여 의자를 내 드린 뒤 제자들에게도 편히 쉬라는 행동을 취한다. 예수님께서 자리에 앉으신다. 마르다도 자리에 앉으려고 하는데, 그 순간 주방에서 무슨 소리가 들린다. "달그락달그락."

수프가 끓는 소리다. 마르다와 이름이 같은 마르다 스튜어트(Martha Stewart, '살림의 여왕'이라 불리는 유명인) 쇼에 나왔던 당근생강 수프 같은 것이다. 베다니의 마르다는 마치 수프를 너무 오래 끓이지 말라는 마르다 스튜어트의 경고가 떠오른 것처럼 급히 일어나며 말한다.

"잠깐 실례할게요, 예수님. 수프가 다 되었는지 보러 가야겠어요."

그녀는 서둘러 주방으로 가서 벽에 걸려 있는 앞치마를 허리에 두른다. 그러고는 불 위에 있는 냄비를 내린 후 숟가락으로 수프를 조금 떠서 맛본다. 수프의 맛이 계란 흰자처럼 밍밍하다. 그 순간 문득 생강을 넣지 않은 것이 떠오른다. 마르다는 주방문을 열어젖히고 방 안을 들여다본다. 제자들이 이야기꽃을 피우고 있다.

"저녁 준비가 늦어질 것 같아요!" 마르다가 알린다.

예수님이 고개를 들고 미소를 지어 보이신다.

"괜찮으니 너무 서둘지 말거라."

마르다는 부리나케 수프를 더 만들기 시작한다. 수프가 빠진다는 것은 있을 수 없는 일이었기에 그녀는 "여러 가지를 준비"하며 그날 저녁의 모든 것을 미리 머릿속에 그려 두었다. 그녀가 예수님께 수프를 드리면 제자들이 그것을 지켜볼 것이다. 예수님께서 수프 맛에 감탄하실 때 하늘의 천사들도 숨죽여 지켜볼 것이다. 그때 예수님이 말씀하실 것이다.

"수프가 정말 맛있구나. 천상의 맛이야! 천사의 수프 같구나!"

그러면 그녀는 얼굴을 붉히며 겸손하게 말할 것이다.

"별것 아니에요. 그냥 이것저것 넣고 끓이기만 한 걸요."

그때쯤 앞마당에는 사람들이 잔뜩 모여 있을 것이다. 그들이 온 동네에 소식을 전할 것이다.

"예수님이 마르다의 집에 와 계셔. 마르다가 끓인 수프를 아주 맛나게 드셨다는군."

물론 마르다가 수프를 끓이지 않으면 이 모든 일은 일어나지 않을 것이다. 그래서 그녀는 다시 냄비를 데우기 시작한다. 그런 다음 그녀는 고기산적을 점검한다. 고기산적은 구울 때 소스를 두 번 발라 줘야 한다. 한 번은 토마토소스를, 또 한 번은 꿀을 바르는데, 지금은 꿀을 바를 차례다.

마르다는 고기산적을 조리대 위에 놓고 꿀을 꺼내기 위해 찬장 문을 연다. 그 순간 조리대 위의 찻주전자가 눈에 들어온다. '이럴 수가! 차 우리는 것을 잊고 있었네!' 그녀는 잔을 쟁반에 받쳐 들고 황급히 거실로 향한다. 지금쯤 예수님은 갈증이 나서 기분이 언짢으실 것이다. 마르다는 예수님께서 그녀를 노려보신 뒤 이맛살을 찌푸리실 거라 생각한다. 하지만 예수님은 언짢아하지 않으신다. 그분은 의자 가장자리에 앉아서 손동작을 섞으며 이야기를 들려주고 계신다. 예수님의 눈이 춤을 추는 듯하다. 돼지를 친 소년에 관한 그분의 묘사에 제자들은 미소를 짓는다. 그리고 예수님 바로 앞에는 그녀의 동생인 마리아가 책상다리를 하고 바닥에 앉아 있다.

"돼지라고요?" 마리아가 예수님께 되묻는다.

"그래, 돼지!" 예수님께서 대답하신다.

마르다는 차가 올려진 쟁반을 든 채 사과한다.

"정말 죄송해요. 차를 깜빡했어요. 다들 손님 접대가 형편없다고 생각하실 거예요. 수프에 생강 넣는 것을 잊어버리는 바람에 수프를 다시 끓이느라 정신이 없었어요. 게다가 고기산적… 오, 고기산적!"

그녀는 테이블 위에 쟁반을 내려놓고 서둘러 주방으로 돌아간다. 그리고 고기산적에 소스를 바른다. "오, 늦지 않아서 다행이야." 그녀는 고기산적을 불 위에 올리며 말한다.

그런 다음 도마를 꺼내 채소를 썰기 시작한다. 열린 문틈으로 마리아와 예수님이 보인다. 마리아가 웃음을 터뜨린다. 예수님은 또 다른 이야기를 들려주시려는 참이다. 그때 마르다의 머릿속에 '왜 마리아는 나를 돕지 않는 거지?' 하는 생각이 스친다. 당근을 썰거나 셀러리를 씻어 줄 수도 있었을 텐데…. 분명 뭔가 거들 수 있을 텐데 말이다.

마르다는 불을 세게 올렸다. 마음속에서 불이 이는 듯하다. '마리아는 할 일이 많다는 것을 모르는 걸까? 식기도 아직 서랍 안에 있고, 컵도 아직 찬장 안에 그대로 있는데.'

마르다는 모두에게 들리게 큰 소리로 한숨을 내쉰다. 그러고는 접시를 한아름 식당으로 가져가서 요란하게 식탁 위에 내려놓는다. 하지만 아무도 내다보지 않는다. 수프를 저으러 주방으로 돌아가면서 마르다는 입술을 꼭 다문다.

잠시 후 그녀는 숟가락을 손에 든 채 다시 거실로 가서 말한다. "주님, 제 동생이 모든 일을 저 혼자 하도록 내버려 두고 있는데도 그냥 보고만 계십니까? 저를 좀 도와주라고 하십시오"(눅 10:40, 현대인의성경).

모든 대화가 중단된다.

십여 명의 시선이 그녀를 향한다.

마리아가 눈을 내리깐다.

예수님이 올려다보신다.

화가 나서 얼굴이 벌게진 마르다가 인상을 찌푸린다. 그녀의 말이 손톱으로 칠판을 긁는 소리처럼 허공에 걸린다.

친절한 마르다, 손님을 환대하는 마르다에게 무슨 일이 일어난 걸까? 누가의 말에 답이 있다. "그러나 마르다는 여러 가지를 준비하느라고 마음이 산란하였다"(눅 10:40, 현대인의성경). 마르다는 성대한 잔치를 벌여 깊은 인상을 심어 주고자 하는 야심 찬 계획을 세웠지만, 모든 게 엉망이 되고 말았다. 그녀는 "많은 일로 염려하고 걱정"하였다(41절, 현대인의성경). 마르다가 평강의 왕과 함께 있으면서도 엄청난 스트레스를 받은 것은 참으로 아이러니한 일이다.

어떻게 이런 일이 일어난 것일까? 마르다의 이야기에서 우리는 어떤 교훈을 얻을 수 있을까? 요리를 하는 것은 죄라는 교훈? 손님 접대는 악마의 도구라는 교훈? 아니다. 성경은 잔치와 연회를 중시한다. 마르다가 마리아의 도움을 기대하는 것은 잘못이라는 교훈? 그것도 당연히 아니다.

마르다의 문제는 일을 많이 하거나 도움을 요청한 것이 아니다. 문제는 그녀의 동기다.

나는 마르다가 예수님을 섬긴 게 아니었다고 생각한다. 그녀는 자기를 과시하는 중이었다. 마르다는 예수님께 식사를 대접한 것이 아니라 그녀의 섬김을 보여 주고자 했다. 거짓말 중에서도 가장 교묘한 거짓말인 '자기 홍보의 함정'에 빠진 것이다.

자기 홍보는 온통 자기 자신에게만 관심을 쏟는다. **"내가 뭘 했는지 좀 보세요. 내가 뭘 만들었는지 좀 보세요."**

자기 홍보에는 다른 사람을 위한 자리가 없다. "제 동생이 모든 일을 저 혼자 하도록 내버려 두고 있는데도 그냥 보고만 계십니까?"

자기 홍보는 예수님조차 쥐고 흔들려 한다. "저를 좀 도와주라고 하십시오."

그리 아름다운 광경은 아니다.

그리 유쾌한 사람은 아니다.

당신은 이 이야기에 나오는 두 자매 중 누구와 함께 시간을 보내고 싶은가? 마르다인가, 아니면 마리아인가?

혹시 우리 중에 마르다 같은 사람이 있는가? 우리 안에 마르다 같은 면이 있는가? 예수님을 위해 열심히 봉사하다가 불평을 늘어놓게 되지는 않는가?

『그리스도인이 체험하는 거룩한 삶의 비밀』(The Christian's Secret of a Holy Life) 의 저자 한나 스미스(Hannah Whitall Smith)는 기독교 가정에서 성장했다. 그리고 그리스도께 나아오기 몇 년 전에 그리스도인들에 대한 인상을 다음과 같이 일기에 적었다.

어떤 사람들은 미소를 짓거나 유쾌한 이야기를 하는 것을 죄악시하는 듯하다. 종교를 가진 사람은 불행하거나 불쾌하기보다 행복해야 할 것 같은데 말이다. … 쾌활한 목소리 대신 느리고 길게 끌리는 우울한 속삭임이 있고 … 아직 길을 찾지 못한 사람들에 대한 사랑과 관심보다는 …

우월감이 섞인 냉담함 같은 게 있어서 조금이라도 마음이 열렸을지 모르는 사람들을 완전히 돌아서게 한다. 주변 사람들에 대한 친절과 상냥함 대신 겉으로 드러나지 않는 퉁명스러움과 그들과의 끊임없는 비교가 있으며, 이는 참기 힘든 독선으로 이어진다. 결국 나는 그토록 자주 마음속에 그리던 고상하고, 아름답고, 겸손하고, 자유롭고, 행복한 종교 대신 우울하고, 오만하고, 독선적이고, 편협한 종교를 본다.[1]

어쩌면 한나는 마르다 같은 사람들을 만난 것인지 모르겠다. '자기 홍보'는 일단 시작하면 멈추기 어렵고, 결국 불행한 결과로 이어진다. 그리스도를 섬기려는 마음에서 비롯된 일이 사람들에게 좋은 인상을 심어 주려는 행동으로 바뀐다. 그럴 때 재능 있는 마르다들은 불행한 불평꾼이 된다. 그 이유를 알기는 어렵지 않다. 우리의 행복이 다른 사람들의 박수와 인정에 좌우된다면 우리는 그들의 의견에 따라 기분이 맑았다 흐렸다 할 것이다. 다른 사람들에게 인정을 받으면 우쭐할 것이고, 인정받지 못하면 불평할 것이다.

요즘은 소셜미디어로 다른 사람들의 의견에 훨씬 더 많은 영향을 받는 시대가 되었다. '좋아요'나 '구독', '친구 추가' 같은 것들이 성공의 척도가 되고, 클릭 수와 방문자 수에 따라 자아상이 좋아졌다 나빠졌다 한다. 소셜미디어는 사회적 비교를 강화한다! 우리의 기쁨이 우리가 알지도 못하는 사람들의 예측할 수 없는 반응이나 평가에 달렸다는 게 말이 되는가?

그러나 우리 안의 마르다는 쉽게 침묵하지 않는다. 그리 멀지 않은 과거에 내 안에도 마르다가 모습을 드러낸 적이 있다. 우리 시에서 기독교 협의회가 열렸는데, 기조연설자 중 한 사람이 행사 직전에 참석을 취소했다. 주최 측에서 내게 그 자리를 대신할 수 있겠느냐고 물어왔다.

그때 가장 먼저 든 생각이 무엇이었는지 아는가? '나더러 다른 사람의 빈자리를 메꾸라고? 내가 두 번째라고? 내가 대타라고? 내가 플랜 B라고?' 하는 생각이었다. 나는 요청을 거절했다. 나의 반응은 구역질이 날 만큼 자기중심적이었다.

주의하라! 사역이 헛된 야망이 되면, 결코 선한 열매가 맺히지 않는다.

마르다는 불평한다. 맥스는 자만한다. 그리고 예수님은 섬김을 받지 못하신다. 바울이 "아무 일에든지 다툼이나 허영으로 하지 말라"(빌 2:3)고 역설한 것이 충분히 납득된다.

나는 하나님의 MVP가 아니다.

당신은 하나님의 VIP가 아니다.

우리는 인류에 대한 하나님의 선물이 아니다. 하나님은 우리를 사랑하시고, 우리 안에 거하시며, 우리를 위한 위대한 계획을 갖고 계시다. 하나님은 우리 각자를 들어 쓰실 수 있지만 우리 중 그 누구도 필요하지 않으시다. 우리는 가치 있는 존재이지만 필수불가결하지는 않다.

도끼가 어찌 찍는 자에게 스스로 자랑하겠으며 톱이 어찌 켜는 자에게 스스로 큰 체하겠느냐? 이는 막대기가 자기를 드는 자를 움직이려 하며 몽둥이가 나무 아닌 사람을 들려 함과 같음이로다(사 10:15).

우리는 도끼이고, 톱이고, 막대기이고, 몽둥이다. 하나님의 손 없이는 아무것도 할 수 없다. "그런즉 심는 이나 물 주는 이는 아무것도 아니로되 오직 자라게 하시는 이는 하나님뿐이니라"(고전 3:7). 우리가 하나님께서 주시지 않은 어떤 선물을 줄 수 있겠는가? 하나님께서 가르쳐 주시지 않은 어떤 진리를 가르칠 수 있겠는가?

우리는 사랑한다. 하지만 누가 먼저 우리를 사랑하셨는가? 우리는 섬긴다. 하지만 누가 가장 많이 섬기셨는가? 우리가 하나님을 위해 하는 일 중에 하나님 혼자 하실 수 없는 일이 하나라도 있는가? 그런데도 우리를 들어 쓰시는 하나님은 얼마나 자비하신가! 기쁨을 앗아가는 자기 홍보에 대한 바울의 해독제("오직 겸손한 마음으로 각각 자기보다 남을 낫게 여기고"[빌 2:3])를 기억하는 것이 얼마나 현명한 일인가!

예수님은 다음과 같은 말씀을 하시며 미소 지으셨을 것이 분명하다.

누가 너를 저녁 식사에 초대하거든, 상석에 앉지 마라. 주인이 너보다 더 중요한 사람을 초대했을 수도 있다. 그런 경우에, 주인이 와서 모든 사람 앞에서 큰 소리로 '당신은 자리를 잘못 잡았소. 상석은 이 사람의 자리요.' 할 것이다. 그러면 너는 부끄러워 얼굴을 붉히며, 마지막 남은 맨 끝자리로 가야 할 것이다.

저녁 식사에 초대를 받거든, 맨 끝자리에 앉아라. 그러면 너를 초대한 사람이 와서 '친구여, 앞으로 나오시오.' 하고 반드시 말할 것이다. 그 일이, 저녁 식사에 온 손님들에게 화젯거리가 될 것이다!(눅 14:8-10, 메시지성경)

자신을 내세우지 않는 사람들은 복되다!

박수 받기를 바라는 것은 어리석은 사람들이나 하는 짓이다. 스스로를 대단한 사람으로 여기지 말라. 그러면 다른 사람들이 알아주지 않더라도 놀라거나 당황하지 않을 것이고, 다른 사람들이 알아주면 즐거워할 수 있다.

당신 자신에게서 다른 사람들에게로 관심의 초점을 옮기는 데 도움이 되는 영적 실천 방법이 있다. 그것은 지금부터 24시간 동안 다른 사람에게 일어난 모든 좋은 일을 축하해 주는 것이다.

먼저 축하할 일들의 목록을 만들라. "즐거워하는 자들과 함께 즐거워"(롬 12:15)하는 근육을 키우라. 다른 사람에게 일어났거나 다른 사람이 행한 좋은 일을 보면 그 즉시 마음으로 기뻐하고 환호하라. 꽃가루를 뿌리라. 그 순간 얼마나 즐거울지 상상이 가는가?

당신은 휴양지의 화창한 날씨를 부러워하지 않을 것이고, 오히려 그곳의 따스한 햇살을 즐기는 사람들을 축하해 줄 것이다.

동료의 승진에 화가 나는 대신 흐뭇한 기분이 들 것이다.

마리아를 보았을 때 당신 안의 마르다가 튀어나오지 않을 것이다. 오히려 마리아가 영적인 문제에 집중하는 것으로 인해 하나님께 감사드릴 것이다. 하루가 끝날 무렵에는 저절로 콧노래가 나올 것이다.

자기 스스로를 높이면 실망스러운 하루를 보내게 될 것이다. 다른 사람들을 높이면 대접을 받게 될 것이다. 다른 사람들의 성공을 당신 자신의 성공보다 더 중요하게 여길 때 당신은 기쁨에서 기쁨으로 옮겨갈 것이다.

세 천사가 성자 같은 사람을 보았다. 그 사람은 무수히 많은 사람을 위해 무수히 많은 선행을 했다. 세 천사는 하나님께 가서 청했다.

"저 사람은 특별한 선물을 받을 자격이 있습니다. 그는 참으로 이타적인 사람입니다. 늘 다른 사람을 돕습니다. 그에게 상을 주는 게 어떨까요?"

"어떤 상을 말이냐?" 하나님이 물으셨다.

"말씀의 은사가 어떻겠습니까?" 한 천사가 말했다.

"지혜가 좋을 듯합니다." 두 번째 천사가 말했다.

"리더십이 좋겠습니다." 세 번째 천사가 말했다.

"그에게 가서 직접 물어보는 게 어떻겠느냐?" 하나님이 제안하셨다.

천사들은 그러기로 하고 그 사람을 찾아갔다.

"네게 선물을 주고 싶구나."

그 사람은 아무 대답도 하지 않았다.

"무엇이든 원하는 게 있으면 말해 보거라." 천사들이 말했다.

"설교를 잘할 수 있도록 말씀의 은사를 받고 싶으냐?"

"상담을 잘할 수 있도록 지혜를 줄 수도 있다."

"아니면 사람들의 삶을 잘 이끌 수 있도록 리더십을 줄 수도 있어."

그 사람은 천사들을 바라보며 물었다.

"제가 원하는 것은 무엇이든 괜찮다고 하셨지요?"

"그럼."

"무엇이든요?"

"물론이지."

"그렇다면 원하는 게 한 가지 있습니다."

"말해 보거라!"

"선을 행한 뒤에 제가 선을 행했다는 사실을 사람들이 알지 못하기를 원합니다."

그날 이후 그 사람의 그림자가 스친 곳에는 언제나 좋은 일이 일어났다. 식물이 잘 자라고, 사람들의 얼굴에 웃음꽃이 피었다. 아픈 사람이 치유되고, 상인들이 성공을 거두었다. 그리고 자신의 성공을 아는 짐에서 해방된 그 사람은 미소를 지었다.

다른 사람들에게 관심의 초점을 맞추는 그리스도인은 복되다.

자기 자신에게 관심의 초점을 맞추는 그리스도인은 불행하다.

당신이 주목받고 싶은 욕구 때문에 불행하다면, 그러한 당신의 욕구는 다른 사람들 또한 불행하게 만들 것이 분명하다.

　마르다처럼 되는 것을 멈추라. 기본으로 돌아가라. 피아노를 치고 싶으면 피아노를 치라. 다만 하나님을 기쁘게 해 드리기 위해서 치라. 그 시간이 얼마나 평화로울지 알면 놀라지 않을 수 없을 것이다.

● 행복이 더해지는 묵상과 나눔

1. 누가복음 10장 38-42절에 나오는 마리아와 마르다의 이야기를 읽으라. 당신은 이 이야기에서 누구와 가장 비슷한가? 예수님의 발치에 앉아 있는 마리아인가, 식사 준비를 하는 마르다인가, 아니면 마리아와 제자들에게 말씀하시는 예수님인가?

2. 저자가 이 이야기를 상상하는 대목을 다시 읽으라.

   - 저자의 글을 읽은 뒤 자신을 다른 인물과 동일시하게 되었는가?
   - 만약 그렇다면 누구와 동일시하게 되었고, 그 이유는 무엇인가?

3. 저자는 마르다의 문제가 일을 많이 하거나 도움을 요청한 데 있는 것이 아니라 그녀의 동기에 있다고 말한다. 저자가 이야기하는 마르다의 동기는 무엇인가?

4. 당신은 언제, 어디에서 다른 사람들에게 자신의 선행을 과시하고 싶은 유혹을 느끼는가? 교회에서인가? 직장에서인가? 친구들과 함께 있을 때인가? 아니면 가족들과 함께 있을 때인가? 그들에게 어떤 종류의 인정을 받고 싶은가?

5. 당신은 소셜미디어가 인정받고 박수 받고 싶은 우리의 욕구에 영향을 미친다는 데 동의하는가?

   - 소셜미디어가 당신의 이러한 욕구에 어떤 영향을 미쳤는가?
   - 일반적으로 당신은 소셜미디어를 본 뒤 스스로에 대해 어떻게 느끼는가?
   - 소셜미디어는 당신을 더 행복하게 하는가, 아니면 더 불행하게 하는가? 그 이유는 무엇인가?

6. 다른 사람들의 인정이 당신의 행복도를 나타내는 좋은 지표가 아닌 이유는 무엇인가?

   - 현재 당신은 누구로부터 가장 인정받고 싶은가? 그 이유는 무엇인가?

- 그 사람에게 얼마나 인정을 받아야 행복할 것 같은가?
- 그 사람에게 인정받지 못하면 어떤 기분이 들 것 같은가?

7. 우리는 종종 다른 사람들에게 박수를 받으려고 선행을 하는 것과 마찬가지로 하나님께 박수를 받으려고 선행을 할 때가 있다.

   - 당신은 하나님께 인정 받기 위해 어떤 일을 하는가?
   - 하나님과 친밀해지기 위해서가 아니라 인정 받기 위해서 하는 활동이나 영적 훈련이 있는가?

8. 우리가 하나님의 VIP나 MVP가 아니라는 말에 대해 어떻게 생각하는가?

   - 당황스럽거나 혼란스러운가? 당신은 이 말에 동의하는가, 아니면 동의하지 않는가? 그 이유는 무엇인가?
   - 우리가 하나님의 VIP나 MVP가 아니라면, 우리는 하나님께 무엇일까?

9. 고린도 교회는 바울과 그리스도 안에서 그의 동역자 된 아볼로를 하나님보다 더 중요하게 생각하는 잘못을 범했다. 여기에 대해 바울은 이렇게 말한다. "그런즉 아볼로는 무엇이며 바울은 무엇이냐? 그들은 주께서 각각 주신 대로 너희로 하여금 믿게 한 사역자들이니라. 나는 심었고 아볼로는 물을 주었으되 오직 하나님께서 자라나게 하셨나니 그런즉 심는 이나 물 주는 이는 아무것도 아니로되 오직 자라게 하시는 이는 하나님뿐이니라"(고전 3:5-7).

   - 이 글에 의하면 누가 가장 중요한가?
   - 중요하지 않은 이는 누구인가?
   - 이와 같은 바울의 말에 당신은 거부감이 드는가, 아니면 공감하는가? 당신의 느낌을 이야기하라.

10. 다음 성경구절들에 대해 생각해 보라.

    "공중의 새를 보라. 심지도 않고 거두지도 않고 창고에 모아들이지도 아니하되 너희 하늘 아버지께서 기르시나니 너희는 이것들보다 귀하지 아니하냐"(마 6:26).

"주께서 내 내장을 지으시며 나의 모태에서 나를 만드셨나이다. 내가 주께 감사하옴은 나를 지으심이 심히 기묘하심이라. 주께서 하시는 일이 기이함을 내 영혼이 잘 아나이다"(시 139:13-14).

"하나님이 세상을 이처럼 사랑하사 독생자를 주셨으니 이는 그를 믿는 자마다 멸망하지 않고 영생을 얻게 하려 하심이라. 하나님이 그 아들을 세상에 보내신 것은 세상을 심판하려 하심이 아니요 그로 말미암아 세상이 구원을 받게 하려 하심이라" (요 3:16-17).

- 고린도전서 3장 5-8절에서 바울이 묘사한 것처럼 우리는 중요하지 않다. 우리가 아무것도 아니라는 것을 우리가 하나님의 사랑하는 자녀라는 사실과 어떻게 조화시킬 수 있을까?
- 이 성경구절들에 의하면, 우리가 하나님께 중요한 이유는 무엇인가?
- 이것은 우리의 선행에 대해 하나님께 칭찬을 받거나 박수를 받는 것과 어떻게 다른가?
- 하나님의 사랑에 대한 확신이 우리가 다른 사람들을 우리 자신보다 더 중요하게 여기는 데 어떻게 도움이 되는가?

11. 로마서 12장 15절은 "즐거워하는 자들과 함께 즐거워"하라고 말한다. 저자는 이것이 우리 자신에게 초점을 맞추는 일을 그만둘 좋은 방법이라고 말한다. 그리고 24시간 동안 다른 누군가에게 일어나는 모든 좋은 일을 축하함으로써 이 말씀을 실천에 옮기자고 제안한다.

- 당신은 이러한 제안을 받아들일 것인가?
- 당신은 어떤 방식으로 다른 사람들에게 일어나는 좋은 일들을 축하할 것인가?
- 이러한 실천이 당신의 행복도에 어떤 영향을 끼치는지 기록하라.

5
사랑의 인사

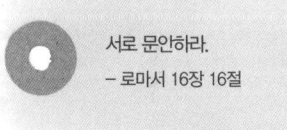

서로 문안하라.
– 로마서 16장 16절

    그는 참을 만큼 참았다. CEO로서 더 이상 참을 수 없을 만큼 참았다. 하지만 거기까지였다. 더 이상은 참을 수 없었다. 한계에 이른 것이다. 더는 두고 볼 수 없다고 생각한 그는 직원들에게 다음과 같이 시작하는 장문의 편지를 보냈다.

    저는 한 달간 휴가를 떠납니다. … 그 기간 동안 어디에서 무엇을 할지 모르겠지만 사무실에 있지는 않을 것입니다.

    그 전에도 엉망으로 돌아가는 회사를 떠나고 싶어 한 경영자가 없었던 것은 아니다. 그가 혼란스러운 회사 상황에 좌절했다는 사실에는 그리 특별할 게 없다. 하지만 그를 좌절하게 한 주요 원인에는 주목할 필요가 있다.

이곳 사람들 사이에는 서로를 존중하지 않는 풍토가 있는데, 그러한 풍토는 이 순간 이후로 사라져야 합니다. 상황은 결국 사람들이 각자의 다른 점을 뽐내려 드는 것이 두려워 제가 사무실을 떠나야 하는 지경에 이르렀습니다. 어쩌면 휴가 기간이 더 길어질지도 모르겠습니다.
결론부터 말하자면, 사람들이 서로를 존중하고 예의를 갖춰 대해야 한다는 것입니다. 그러지 않을 경우 저는 사장직에서 물러나겠습니다. 저는 너무 열심히, 그리고 너무 오랫동안 일해 왔습니다. 회사가 무너져 내리는 것을 두고 볼 수 없습니다. 그런 일이 일어나기 전에 회사를 떠나 자금을 회수할 생각입니다.
부디 서로를 존중하십시오. 그러지 않으면 저는 떠납니다. 휴가를 마치고 돌아오면 사무실의 몇몇 사람을 불러, 제가 없는 동안 보다 존중받았는지 물어보겠습니다.
만약 존중받았다면, 저는 소매를 걷어붙이고 진지하게 업무에 복귀하겠습니다. 그러나 아무런 변화도 일어나지 않는다면 사임하겠다는 결심을 실행에 옮기겠습니다.

사장은 직원들에게 그가 자리를 비운 30일 동안 해야 할 과제를 내

주기까지 했다. 그중에는 다음과 같은 것도 있었다. "'좋은 아침입니다.'라고 말하십시오. 이것은 별로 어려운 일이 아닙니다.'

사장을 힘 빠지게 한 것은 경제적인 문제가 아니었다. 장시간의 근무나 시장에서의 경쟁에 진이 빠진 게 아니었다. 그를 힘들게 한 것은 회사 안의 적대적인 분위기였다. 그의 회사는 목재를 취급하는 회사라서 직원들이 각 지역의 부두에서 화물 운송 팀과 함께 일할 때가 많았다. 그런데 화물선 선장들과 부두 노동자들의 거친 세계가 사장이 추구하는 존중의 문화를 오염시켰다.

사장은 그가 말한 대로 한 달간 회사에 나오지 않았다. 그러자 회사 분위기가 달라졌다. 직원들은 '배려'의 의미를 배워 갔다. 그들의 거친 언행은 보다 친절하고 사려 깊은 상호작용으로 바뀌었다. 사장의 최후통첩이 기대했던 효과를 낳은 것이다.[1]

어쩌면 우리 사회에도 최후통첩이 필요할지 모르겠다. 사람들이 얼마나 분노로 가득한지 모른다! '도로 위의 분노'에서부터 '비행기 탑승객의 분노', '전화 상담원에게 쏟아 내는 분노', '마트 계산대에서의 분노', '소셜미디어에서의 분노', '주차장에서의 분노', '자동차 경적으로 표출하는 분노'까지 종류도 다양하다. 심지어 목발을 짚은 사람에게까지 화를 내며 경적을 울려 대는 운전자들도 있다.

소셜미디어는 분노에 새로운 차원을 더해 주었다. 온라인상의 조롱과 비방은 사람들을 괴롭히고 그들에게 상처를 준다. 우리는 면전에서 차마 하지 못할 말을 인터넷상에서는 아무렇지도 않게 한다.

그러한 무례함의 도가 지나쳐서, 우리는 이제 어느 실험실 안에 붙어 있는 다음과 같은 경고문에 공감할 수 있을 정도가 되었다. '뾰로통하거나, 무례하거나, 참을성이 없거나, 배려심이 부족한 사람에게는 다른 사람들이 참아 주는 것에 대한 10달러의 벌금을 부과합니다.'

그렇다. 무례한 사람에게 벌금을 부과하는 것도 한 가지 해결책이다. 하지만 보다 실제적인 해결 방안은 사도 바울이 제안한 다음과 같은 방법일 것이다. "너희가 거룩하게 입맞춤으로 서로 문안하라"(롬 16:16).

바울은 다른 교회들에도 같은 지침을 주었다. 고린도 교회에 두 번("너희는 거룩하게 입맞춤으로 서로 문안하라"[고전 16:20], "거룩하게 입맞춤으로 서로 문안하라"[고후 13:11]), 데살로니가 교회에 한 번("거룩하게 입맞춤으로 모든 형제에게 문안하라"[살전 5:26]). 베드로 역시 같은 권고를 했다. "너희는 사랑의 입맞춤으로 서로 문안하라"(벧전 5:14).

우리는 이러한 성경구절을 간과할 때가 많다. 로마서에서 바울은 열다섯 장에 걸쳐 독자들을 기독교 교리(믿음으로 얻는 구원, 성화, 성도의 인내, 예정, 선택)의 광활한 숲으로 인도한 후 16장에서 조금 갑작스럽게 안부 인사에 초점을 맞춘다. 이는 마치 숲속의 떡갈나무와 느릅나무들 사이에 있는 묘목처럼 느껴진다.

바울은 왜 인사를 중시했을까? 우리는 왜 서로 인사를 나누는 데 주의를 기울여야 할까? 인사는 상대방에 대한 존중의 표현이기 때문이다. 존중은 다른 사람의 상황에 마음을 쓰는 것이다. 존중은 새로 전학 온 아이에게 "안녕?" 하고 말하는 것이다. 존중은 안내데스크 앞에 잠깐 멈춰 서서 안내원에게 "좋은 아침입니다."라고 말하는 것이다. 존중은 이어폰을 빼고 지하철 안의 동승자들에게 인사하는 것이다. 존중은 모자를 벗어 들고 경쟁자에게 인사하는 것이다. 존중은 교회에 처음 나온 사람이 어색하지 않도록 그를 반갑게 맞이하는 것이다.

서로 인사를 나누는 것은 그리 어렵지 않다. 하지만 의미 있는 차이를 만들어 낸다.

영국의 목사 J. H. 조웻(J. H. Jowett)이 들려준 잉글랜드 달링턴의 어느 죄수에 관한 일화가 있다. 3년간 감옥에 갇혀 있다가 풀려난 그 죄수는 감옥을 나온 직후 길에서 우연히 그 도시의 시장을 만났다. 사람들에게서 냉랭한 태도 이상을 기대하지 않았던 죄수는 시장이 걸음을 멈추고 모자를 들어 올리며 쾌활하게 "안녕하세요? 만나서 반갑습니다. 잘 지내시나요?"라고 말하자 어찌할 바를 몰랐다.

죄수는 간신히 한두 마디 웅얼거리고는 가던 길을 갔다. 시장도 몇 년 후 다른 도시에서 그 죄수와 마주치기 전까지는 그 일에 대해 까맣게 잊고 있었다. 시장은 죄수를 기억하지 못했지만 죄수는 시장을 잊지 않았다. 죄수가 말했다. "제가 감옥에서 나왔을 때 제게 해 주신 일에 대해 감사드립니다."

"제가 무슨 일을 했지요?"

"저에게 친절한 말씀을 해 주셨어요. 그것이 제 인생을 바꿔 놓았습니다."[2)]

당신에게는 별것 아닌 일이 누군가에게는 커다란 의미가 될 수 있다. 가장 순수한 의미에서의 인사는 선의의 행동이다. 유럽의 일부 지역에서 흔히 볼 수 있는 것처럼 뺨에 키스를 하든, 아시아처럼 고개를 숙여 인사하든, 라틴아메리카 사람들처럼 포옹과 키스를 하든, 서구 문화에서 흔히 하는 것처럼 따스한 악수를 하든, 그 모든 것은 호의에서 비롯된 사심 없는 행동이다.

사실 인사의 첫 번째 수혜자는 인사하는 사람 자신이다. 나는 '포옹하면 행복해진다'는 문구의 범퍼 스티커가 제작되어야 한다고 생각한다. 펜실베이니아주립대학교 연구자들이 내린 결론이 바로 이것이다. 그들은 학생을 두 그룹으로 나누어, 한 그룹은 책을 읽게 하고 다른 한 그룹은 포옹을 하게 했다. 포옹을 하는 그룹에는 한 달간 하루에 다섯 번 이상 포옹을 하게 하고, 책을 읽는 그룹에는 한 달간 매일 책 읽은 시간을 기록하게 했다. 놀라울 것도 없이, 책을 읽은 그룹보다 포옹을 한 그룹의 행복도가 더 높았다(쉿! 도서관에서 책을 읽는 아이들에게는 이러한 사실을 말하지 말라). 포옹은 실험 참가자들이 느끼는 기쁨의 수치를 끌어올렸다.[3] 포옹과 질병 감소율에 관한 유사 연구도 있다. 이 연구에 의하면 포옹을 더 자주 할수록 병에 덜 걸리는 것으로 나타났다.[4]

그러므로 당신 자신을 위해 인사하라. 그리고 다른 사람들을 위해 인사하라. 우리가 인사하지 않을 때 상대방은 '저 사람은 나를 사랑해서 모른 체한 거야.'라고 생각하지 않는다.

그와 정반대다. 침묵은 종종 불안을 낳는다(파티에서 아무도 말을 걸어 오지 않은 경험을 한 사람이라면 이런 외로움을 알 것이다).

며칠 전 데날린과 나는 다른 세 쌍의 부부와 그들 중 한 부부의 집에서 저녁 식사를 했다. 우리는 수십 년간 친하게 지내 왔다. 함께 여행도 다니고, 가족끼리도 서로 잘 알았다.

즐겁게 식사를 하고 있을 때, 그 집의 맏아들이 잠깐 다니러 왔다. 그는 우울증과 싸우고 있었고, 이혼 절차를 밟는 중이라 몹시 힘든 상황이었다. 그가 들어올 때 우리는 그를 맞으러 일어섰다. 단지 최근에 그가 겪고 있는 어려움 때문이 아니라 그는 우리 모두의 사랑하는 친구였기 때문이다.

우리는 이런저런 이야기를 나누며 웃음꽃을 피웠다. 그는 총각이 고양이 두 마리를 키우는 것을 재미있어하는 소녀들에 관한 이야기를 들려주었다. 매우 재미있는 이야기였다. 하지만 기억할 만한 이야기일까? 아니다. 적어도 내게는 그렇다. 그날 저녁, 그는 자기 어머니에게 다음과 같은 문자를 보냈다.

오늘 저녁 일에 대해 다시 한 번 감사드려요. … 그토록 많이 사랑받는다고 느낀 게 처음이에요. … 정말 너무 좋았어요. … 영적으로 느껴졌고 … 천국이나 뭐 그런 데서 환영받는 듯한 느낌이었어요. … 정말 강력했어요. … 그 순간 제가 무조건적인 사랑에 둘러싸인 듯했고, 그것은 전에 맛보지 못한 평안을 가져다주었어요. 이 느낌이 언제까지나 저와 함께할 것 같아요.

우리는 친절한 행동이 누군가의 마음을 언제 어떻게 감동시킬지 결코 알지 못한다. 바울이 '모든 사람'에게 문안할 것을 촉구한 것도 그런 이유일 것이다. 그는 "좋아하는 사람들에게 문안하라"고 말하지 않았다. "아는 사람들에게 문안하라"거나 "친하게 지내고 싶은 사람에게 문안하라"고 말하지 않았다. "서로 문안하라"고 말했다.

바울은 선입견 없이 모든 사람에게 친절히 대할 것을 호소하였으며, 직접 그 본을 보였다. 그는 한 사람 한 사람을 떠올리며 거룩하게 문안했다(롬 16:3-16). 스물여섯 명의 이름을 부르며 그들의 안부를 물었고, 때로는 그들 가족의 안부를 묻기도 했다. 그가 문안한 사람들 중에는 다음과 같은 사람들이 포함되어 있다.

- 바울이 아시아에서 처음으로 그리스도께 인도한 에베네도
- 로마 교회를 위해 수고한 마리아
- 암블리아, 우르바노, 허메, 빌롤로고, 율리아(주로 노예들에게 붙여졌던 이름이다)[5]
- 아그립바 1세의 형제이자 헤롯 대왕의 손자로 알려진 아리스도불로[6]
- 클라우디우스 황제의 비서 나깃수[7]
- 골고다로 가는 길에 예수님의 십자가를 대신 졌던 시몬의 아들 루포[8]

문안할 때 바울은 남자와 여자, 아시아인과 로마인, 노예와 귀족을 구분하지 않았다. 아시아 최초의 회심자부터 복음서에 나오는 영웅의

아들에 이르기까지 누구도 빠뜨리지 않았다. 바울이 보인 모범은 우리에게 그의 선례를 따를 것을 촉구한다.

특정한 사람에게만 안부를 물어서는 안 된다. 모두가 모두에게 인사해야 한다. 사회적 서열에 따라 안부를 물어서도 안 된다. 당신과 나는 물병을 가지고 다닐 수 있지만, 누가 목이 마른지는 알지 못한다. 그렇기 때문에 우리는 모두에게 물을 주어야 한다. 우리는 그렇게 하도록 부름받은 사람들이다.

데이비드 로빈슨(David Robinson)은 여러 해 동안 우리 교회에 다녔다. 그는 샌안토니오 사람들의 우상이었다. 2미터 16센티미터의 훤칠한 키에 근육질 몸매를 가진 그는 NBA 챔피언이자 올림픽 금메달리스트였으며, MVP를 수상한 미남이다.

주목을 받으려고 교회에 다닌 것은 아니었지만 교회에 나오기 시작한 초기에 그는 늘 주목을 받았다. 그가 앉을 자리를 찾아서 통로를 걸어 내려가면 모든 사람의 시선이 그에게 쏠려서, 내가 잠시 말을 중단해야 할 정도였다.

데이비드가 교회에 다니기 시작할 무렵, 또 한 사람이 교회에 나오기 시작했다. 그는 거리를 떠도는 노숙자로, 모든 게 데이비드와 정반대였다. 그는 키가 작고, 옷차림이 남루하고, 궁핍해 보였다. 설교단에서 보면 두 사람의 차이가 확연하게 눈에 들어왔다. 회중은 NBA 스타에게 열광했지만, 노숙자에게는 단 한 사람을 제외하고는 아무도 관심을 보이지 않았다.

나는 그 한 사람에게 늘 감사한다. 그는 우리 교회의 장로로, 자기 자리에서 일어나 그 노숙자 옆에 가서 앉곤 했던 친절하고 마음 따스한 사람이었다. 어쩌면 그 노숙자는 우리가 '모든' 하나님의 자녀에게 어떻게 대하는지 시험하려고 하나님께서 보내신 천사가 아니었을까?

진심이 담긴 인사의 가치를 가벼이 여기지 말라. 우리 주님이 "문을 두드릴 때는 정중히 인사하여라"(마 10:12, 메시지성경)라고 말씀하셨을 때보다 더 실제적이셨던 때도 드물다. 사람들에게 악수를 청하라. 그들과 눈을 맞추고, 진심이 담긴 인사를 건네라.

어떤 모임에 가든 두 부류의 사람을 만날 수 있다. "만나서 반가워요."라고 말하는 듯한 사람들과 "나를 만나러 와 줘서 반가워요."라고 말하는 듯한 사람들. 이 두 부류의 사람을 구분하기는 어렵지 않다. 사람들에게 당신이 진심으로 반가워하고 있음을 알게 한 뒤 그들의 반응을 지켜보면 된다.

〈섬터 카운티 교회 연대기〉(The Sumter County Church Chronology)에는 섬터 카운티에 있는 교회들의 변천사를 자세히 다룬 100여 건의 기록이 담겨 있다.

1965년 6월의 기록에는 다음과 같은 내용이 나온다. "뉴저지주에 거주하는 로버트 M. 브라운이 앤더슨빌감리교회에 17만 8,000달러를 기부했다. 그는 수년 전에 이 교회를 방문한 적이 있는데, 그때 성도들의 환영에 깊은 인상을 받았다고 한다."[9] 여러 해 전에 딱 한 번 방문한 교회의 성도들이 따뜻하게 맞아 준 것이 너무도 인상적이었던 까닭에 브라운 씨는 뉴저지주에서 조지아주로 선물을 보낸 것이다.

당신을 위해 인사하라. 사람들에게 그들이 소중한 존재임을 알려 주는 기쁨을 체험하라.

그리고 다른 사람들을 위해 인사하라. 당신에게는 별것 아닌 일이 그들에게는 커다란 의미로 다가올 수 있다.

무엇보다도 예수님을 위해 인사하라. 부모들이여, 누군가 당신의 자녀에게 관심을 기울일 때 어떤 느낌이 드는가? 교사가 특별한 도움을 주거나 이웃이 개별적인 관심을 보여 줄 때 당신의 자녀에게 마음을 써 준 그들이 고맙게 느껴지지 않는가? 예수님도 마찬가지이시다. 예수님도 그분의 자녀에게 마음을 써 준 사람들을 사랑하신다.

사실 예수님은 "너희가 내 자녀를 사랑하는 것은 나를 사랑하는 것"이라고까지 말씀하셨다. "내가 나그네 되었을 때에 너희가 나를 영접하였다"(마 25:35 참조)는 예수님의 말씀을 기억하라.

만약 예수님이 방에 들어오신다면 모든 시선이 예수님께로 향할 것이고, 모든 사람이 자리에서 일어날 것이다. 예수님의 손이라도 잡아 보고 발이라도 만져 보려고 줄을 설 것이다. 아무도 구세주를 환영할 기회를 놓치지 않으려 할 것이다.

예수님의 말씀에 따르면 우리에게는 날마다 그런 기회가 주어진다. 교실 뒤편에 앉아 있는 긴장한 십대가 보이는가? 그에게 다가가 인사할 때 당신은 예수님께 인사한 것이다. 혼자 아이를 키우며 직장에 다니는 어머니가 보이는가? 그녀를 반가이 맞이할 때 당신은 예수님을 반가이 맞이한 것이다. 식료품 가게에 뭔가를 사러 온 할머니가 보이는가? 할머니를 위해 문을 열어 줄 때 당신은 예수님을 위해 문을 연 것이다. "너희가 여기 내 형제 중에 지극히 작은 자 하나에게 한 것이 곧 내게 한 것이니라"(마 25:40).

역사상 가장 위대한 인사가 있다. 그것은 전화나 이메일로 할 수 있는 것이 아니다. 가장 위대한 그 인사는 예수님께서 당신에게 직접 하실 것이다. "잘하였도다, 착하고 충성된 종아. 네가 적은 일에 충성하였으매 내가 많은 것을 네게 맡기리니 네 주인의 즐거움에 참여할지어다"(마 25:23).

● 행복이 더해지는 묵상과 나눔

1. 저자는 휴가를 내고 회사에 나오지 않기로 한 CEO에 관한 이야기로 이 장을 시작한다.

    – 그 CEO가 그러한 결정을 내린 이유는 무엇인가?
    – 회사 직원들에게 부족한 것은 무엇이었는가?

2. 저자가 묘사한 것과 같은 분위기의 직장이나 가정에 있었던 적이 있는가?

    – 그때 당신은 다른 사람들에게 존중받지 못했는가? 혹은 당신이 다른 사람을 존중하지 않았는가?
    – 그런 환경이 사람들로 하여금 서로 존중하지 않게 하는 이유가 무엇이라고 생각하는가?

3. 바울은 편지에서 종종 교인들에게 거룩하게 입맞춤으로 서로 문안하라고 권한다. 다음의 성경구절들에 대해 생각해 보라.

    "너희가 거룩하게 입맞춤으로 서로 문안하라"(롬 16:16).
    "너희는 거룩하게 입맞춤으로 서로 문안하라"(고전 16:20).
    "거룩하게 입맞춤으로 서로 문안하라"(고후 13:11).
    "거룩하게 입맞춤으로 모든 형제에게 문안하라"(살전 5:26).
    "너희는 사랑의 입맞춤으로 서로 문안하라"(벧전 5:14).

4. 오늘날의 문화에서 이런 식의 인사는 친한 친구나 가족, 존경하는 사람들로 그 대상이 한정된다.

    – 당신은 가족이나 친한 친구에게 어떻게 인사하는가?
    – 그들에게 하는 인사와 다른 사람들에게 하는 인사가 다른가? 만약 그렇다면, 당신은 가족이나 친한 친구에게 왜 다르게 인사하는가?

5. 로마 교회에 보내는 바울의 편지는 신학적인 문제뿐 아니라 교회 내부의 심각한 쟁점들도 다루고 있다. 따라서 바울이 따로 시간을 들여 거룩하게 입맞춤으로 서로 문안하라(롬 16:16)는 권고를 쓴 것이 조금 이상해 보일 수 있다. 바울이 왜 이 부분을 편지에 포함시켰다고 생각하는가?

6. 당신이 다른 사람들에 대한 존중이라고 생각하는 것의 예를 들어 보라.

    – 당신이 예로 든 이야기의 어떤 부분이 존중을 나타내는가?
    – 서로를 존중하는 것이 중요한 이유는 무엇인가?

7. 진심으로 존경하는 사람들을 존중하기는 쉽다. 그러나 존경하지 않는 사람을 존중하려면 어떻게 해야 할까? 당신은 우리가 모든 사람을 존중하도록 부름받았다고 생각하는가? 그렇게 생각하는 이유는 무엇인가?

8. 거룩하게 입맞춤으로 서로 문안하는 것의 예는 창세기 33장으로 거슬러 올라가 야곱과 에서가 재회하는 장면에서도 찾아볼 수 있다. 에서에게는 야곱에 대한 오랜 원한이 있었다. 야곱이 아버지 이삭을 속여 장자인 에서가 받았어야 할 축복을 가로챘기 때문이다. 화가 난 에서가 야곱을 죽이려 했지만, 야곱은 달아났다(창세기 27장). 그 후 형제는 한동안 떨어져 지냈다. 마침내 다시 만났을 때 에서에게는 심경의 변화가 있었음이 분명하다. 성경은 "에서가 달려와서 그를 맞이하여 안고 목을 어긋맞추어 그와 입맞추고 서로 우니라."라고 말한다(창 33:4). 에서는 동생에게 입맞춤(존중의 표시)을 했을 뿐 아니라 그를 안고 "목을 어긋맞추었." 창세기 33장 1–16절을 읽으라.

    – 야곱은 에서가 보여 준 사랑과 존중과 애정에 어떻게 반응하는가?
    – 야곱이 에서에게 큰 잘못을 했음에도 불구하고 에서가 야곱을 존중할 수 있었던 이유가 무엇이라고 생각하는가?
    – 이 이야기가 존중하기 힘든 사람을 존중하게 하도록 당신을 어떻게 격려하는가?
    – 다음에 당신이 존중하기 힘든 사람을 만나면 어떻게 인사할 것인가? 모든 사람을 동등하게 대하기 위해 당신이 할 수 있는 일은 무엇인가?

9. 감옥에서 풀려난 죄수와 시장의 이야기에서 시장은 죄수에게 어떻게 인사했는가?

- 시장의 인사가 죄수에게 어떤 영향을 미쳤는가?
- 누군가로부터 생각지 못한 존중을 받아 본 적이 있는가? 만약 그렇다면, 그것이 당신에게 어떤 영향을 미쳤는가?

10. 로마서 16장 1-16절을 읽으라.

    - 바울이 문안한 사람들의 목록에서 발견할 수 있는 독특한 점은 무엇인가?
    - 그 목록이 우리가 어떤 사람들에게 문안해야 할지에 대해 무엇을 말해 주는가?

11. 어제 있었던 일에 대해 생각해 보라.

    - 어제 어디에 갔는가?
    - 누구와 대화를 나눴는가?
    - 당신은 직장이나 가게, 혹은 가정에서 누군가에게 인사를 하지 않고 지나친 적이 있는가? 그 사람에게 왜 인사를 하지 않았는가?

12. 오늘 있을 일에 대해 생각해 보라.

    - 어떻게 하면 당신이 평소에 인사를 잘 하지 않았던 누군가에게 그동안의 습관을 벗어나 인사할 수 있을까?
    - 그것이 어떻게 그 사람의(그리고 당신의) 행복을 더해 줄 수 있을까?

6
담대하게 아뢰라

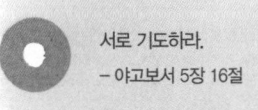

아브라함과 사라는 손님이 찾아오리라고 예상하지 못했다. 하나님의 방문일 거라고는 더욱 예상하지 못했다. 그러나 어느 오후에 하나님께서 그들 앞에 나타나셨다. 아무 예고도 없이, 인간의 모습으로 말이다. 그분 곁에는 위장한 천사인 다른 두 사람이 있었다. 아브라함 자신이 하나님의 임재 가운데 있다는 것을 정확히 언제 알았는지는 알 수 없지만, 아마도 비교적 일찍 알았을 것이 틀림없다. 아브라함은 그분 앞에 레드 카펫을 깔아 드렸다. 빵을 굽고 송아지를 잡았다. 잔치를 벌였다. 그리고 아내인 사라를 바라보았다. 비록 말을 하지는 않았지만 아브라함과 사라의 얼굴에는 의문이 가득했다.

'하나님께서 여기에 왜 오신 걸까? 대체 무슨 일일까?'

잔치가 끝난 후 천상의 세 방문객은 그곳을 떠나 아브라함의 조카 롯이 살고 있는 소돔으로 향했다. 아브라함은 그리 멀지 않은 곳까지 그들을 배웅했다. 어느 시점에 하나님은 이렇게 생각하셨다.

"내가 하려는 것을 아브라함에게 숨기겠느냐"(창 18:17).

하나님은 숨기지 않기로 하시고 아브라함에게 말씀하셨다.

"소돔과 고모라에 대한 부르짖음이 크고 그 죄악이 심히 무거우니 내가 이제 내려가서 그 모든 행한 것이 과연 내게 들린 부르짖음과 같은지 그렇지 않은지 내가 보고 알려 하노라"(창 18:20-21).

아브라함은 그 자리에 우뚝 섰다. 그는 하나님이 소돔에서 무엇을 보실지 알고 있었다. 소돔의 악취 나는 뒷골목과 그곳 사람들의 죄악을 알고 있었다. 하지만 구원받을 만한 사람들도 있다고 믿었다. 소돔에는 그의 조카가 살고 있었다. 아브라함이 하나님 앞에서 담대했던 것은 그 때문이었을 것이다. "아브라함은 여호와 앞에 그대로 섰더니"(창 18:22).

초원 위의 외로운 나무처럼 믿음의 조상은 자비가 필요한 사람들과 자비를 베푸실 수 있는 분 사이에 섰다. 그리고 그들을 위해 하나님께 말씀드렸다. "아브라함이 가까이 나아가 이르되 주께서 의인을 악인과 함께 멸하려 하시나이까? 그 성 중에 의인 오십 명이 있을지라도 주께서 그곳을 멸하시고 그 오십 의인을 위하여 용서하지 아니하시리이까?"(창 18:23-24)

참으로 대담한 행동이 아닐 수 없다. 아브라함은 베두인족 목자에 지나지 않았다. 그의 머리는 어깨까지 내려오고, 수염은 가슴에 닿았다. 행색이 추레하고, 이도 한두 개쯤 빠졌을 것이다. 그런 그가 거기 서 있었다. 법원에 간 그날, 응급실로 향하던 그날 밤, 직장 동료가 당신에게 "내가 일을 그르쳤어요."라고 털어놓던 그때 당신이 그랬던 것처럼 말이다.

그 순간 당신은 아브라함이 한 것처럼 도움이 필요한 사람과 도움을 베푸실 수 있는 분 사이에 섰다. 그리고 기도했다. 군인들을 위해 기도하고, 국회의원들을 위해 기도했다. 탕자들과 목회자들을 위해 기도했다. 방탕한 목회자들을 위해 기도했다. 걸인의 깡통에 동전을 넣으며 기도했다. 아이의 머리에 손을 얹고 기도했다. 전쟁이나 이혼, 스캔들에 관한 기사를 읽으며 기도했다. "하나님, 자비를 베푸소서."

당신은 아브라함이 한 것처럼 했다. 아브라함이 섰던 자리, 즉 자비가 필요한 사람들과 하나님 사이에 섰다. 그리고 생각했다. '하나님께서 이 기도를 들으실까?'

아브라함의 이야기는 우리에게 희망을 준다.

그는 하나님 앞에서 담대했다. 하나님께 소돔과 고모라에 사는 사람 몇 명을 구해 달라고 청했다. "주께서 이같이 하사 의인을 악인과 함께 죽이심은 부당하오며 의인과 악인을 같이 하심도 부당하니이다. 세상을 심판하시는 이가 정의를 행하실 것이 아니니이까"(창 18:25).

그때까지 하나님께 그분의 계획을 재고해 달라고 청할 만큼 대담한 사람은 아무도 없었다. 아담과 하와에게는 그럴 용기가 없었다. 가인은 자신의 처지를 한탄했지만, 하나님과 협상을 하지는 않았다. 므두셀라는 969년을 살았지만, 하나님께 그분의 계획을 다시 한 번 살펴봐 달라고 요청하지 않았다. 노아도 마찬가지였다. 그는 침묵을 지켰다. 그러나 아브라함은 목소리를 냈다. 근처의 텐트에서 사라가 침을 꿀꺽 삼키며 속삭이는 소리가 들리는 듯하다. "쉿, 아무 말 말아요. 괜한 말씀을 드렸다가 우리 둘 다 죽을 수도 있어요!" 그녀는 구석으로 가서 몸을 웅크렸다. 당장이라도 벼락이 내리칠지 모른다고 생각했다.

그러나 하나님은 벼락을 내리지 않으셨다. 오히려 아브라함의 말에 귀를 기울이셨다. 그리고 이렇게 말씀하셨다. "의인 50명만 있어도 소돔은 파괴되지 않을 것이다."

아브라함은 집을 향해 걸어가다가 다시 돌아와서 말했다. "45명이면 어떻게 하시겠습니까?"

하나님께서 미소를 지으셨다. "좋다, 45명."

아브라함은 돌아서서 손가락으로 수를 헤아리는 듯하더니 다시 말했다. "40명이면요?"

하나님께서 말씀하셨다. "40명도 좋다."

아브라함과 하나님은 이런 식으로 대화를 이어가다가 결국 열 명의 의인으로 합의를 보았다. 그러고는 각자의 길을 갔다.

이 대목에서 우리는 하나님께서 화를 내지 않으시고 아브라함의 말을 들어주셨다는 놀라운 사실에 대해 생각한다. 소돔과 고모라가 파괴될 때 아브라함의 조카 롯은 재앙을 면했다. 아브라함이 주님 앞에 섰기 때문이다.

아브라함은 성경이 우리 모두에게 촉구하는 것("병이 낫기를 위하여 서로 기도하라"[약 5:16])을 했다.

당신이 아는 누군가가 공격을 당한다. 당신의 이웃이 우울증에 시달린다. 당신의 형제에게 문제가 생긴다. 당신의 자녀에게 시련이 닥친다. 이럴 때 당신은 무슨 말을 해야 할지 알지 못한다. 도움을 청할 곳도 없다. 그러나 당신은 기도할 수 있다. 다음의 약속들에 의하면 당신의 기도는 당신이 사랑하는 사람들의 삶 가운데 하나님께서 역사하시게 한다.

> 의인의 간구는 역사하는 힘이 큼이니라(약 5:16).
>
> 하나님을 가까이하라. 그리하면 너희를 가까이하시리라(약 4:8).
>
> 여호와께서는 자기에게 간구하는 모든 자 곧 진실하게 간구하는 모든 자에게 가까이하시는도다(시 145:18).

서로를 위해 기도할 때 우리는 하나님의 작업실에 들어가 망치를 들고 하나님께서 뜻하신 바를 이루시도록 돕는 것이다.

나의 아버지도 형과 나에게 아버지의 일을 돕게 해 주신 적이 있다. 그 아이디어가 떠오른 것은 주방 식탁에서였다. 당시 형은 아홉 살이고 나는 여섯 살이었다. 그리고 아버지는 집을 지으려면 먼저 계획을 세워야 한다는 것을 알 만큼의 연륜이 있었다. 그래서 아버지는 연필과 노트패드를 가지고 일을 시작하셨다. 평소에 꿈꾸던 집을 그리셨다.

그 전부터 아버지는 집 짓는 일을 좋아하셨다. 우리가 살고 있던 집을 포함해 두 채의 집을 지은 경험이 있었다. 하지만 아버지에게는 더 큰 꿈이 있었다. 아버지는 침실 두 개짜리 집 대신 세 개짜리 집을 원했다. 나무로 지은 집 대신 벽돌집을 원했다. 차고에 차 한 대가 아니라 두 대가 들어갈 수 있기를 바라셨고, 뒷마당에는 작업실이 있어야 했다. 집 앞 진입로에 농구 골대가 있어야 했고, 무엇보다도 벽난로가 있어야 했다.

아버지가 설계도를 그리실 때 우리는 까치발을 하고 아버지 어깨 너머로 도면을 들여다보며 이런저런 제안을 했다. 거실에 큰 창을 내면 좋겠다는 둥, 주방에 그네를 설치하면 좋겠다는 둥 말이다.

"너희도 돕고 싶으냐?" 아버지가 물으셨다.

그것은 교황이 가톨릭 신자냐는 질문과 다를 바 없었다. 발이 하나뿐인 오리가 헤엄을 칠 때 제자리에서 빙빙 도느냐는 질문과 다를 바 없었다. 물고기가 물에 젖느냐는 질문과 다를 바 없었다. 당연히 우리는 돕고 싶었다! 그래서 형과 나는 날마다 방과후에 자전거를 타고 앨러모사 거리에 있는 공사 현장으로 갔다. 나는 흥분을 주체할 수 없었다. 주방용 타일을 나르고 공사장 주변에 떨어진 못을 줍기도 바쁜데 산수나 맞춤법 따위를 공부할 시간이 어디 있단 말인가? 당시의 나는 평범한 초등학생이 아니었다. 아빠의 파트너였다.

하늘 아버지도 우리를 파트너로 초청하신다. 그분의 초청을 받아들일 준비가 되어 있는가?

우리의 기도는 하늘의 보고(寶庫)를 연다. 하나님의 선하심과 당신의 친구들을 잇는 것이 바로 당신의 기도다. 당신이 기도할 때, 당신이 도움이 필요한 사람들을 위해 도움을 주실 수 있는 분께 기도할 때 놀라운 일이 일어난다.

일례로 백부장과 그의 하인에 대한 이야기를 생각해 보자. 백부장은 예수님께 하인의 병을 낫게 해 달라고 청했다. 예수님께서 그의 집으로 가야 할지 물으시자 백부장은 "다만 말씀으로만 하옵소서. 그러면 내 하인이 낫겠사옵나이다."라고 대답했다(마 8:8).

백부장의 믿음에 감동하신 예수님은 그 자리에서 그의 청을 들어주셨다. 예수님은 하인의 믿음에 대해 묻지 않으셨다. 하인이 죄를 고백했는지도 묻지 않으셨다. 그가 메시아의 도움을 요청했는지도 묻지 않으셨다. 백부장이 도움이 필요한 사람과 도움을 주실 수 있는 분 사이에 섰기에 예수님은 그의 하인의 병을 고쳐 주셨다.

우리도 그렇게 하자.

우리에게는 만나는 모든 사람을 위해 기도할 기회가 있다. 우리는 가게 점원과 병원의 간호사, 빌딩 관리실 직원을 위해 기도할 수 있다. 그들에게 당신의 중보기도에 대해 말할 필요는 없다. 그럼에도 불구하고 내가 "당신을 위해 기도하겠습니다. 혹시 특별한 기도제목이 있으신지요?"라고 말하면 사람들은 대개 반색을 하며 나를 놀라게 한다.

우리가 기도를 통해 다른 사람을 축복하고자 할 때 도리어 우리가 축복을 받는 것은 그리 놀라운 일이 아니다. 연구에 의하면 기도와 믿음, 건강, 행복에는 상호 연관성이 있다. 듀크대학교의 해럴드 G. 쾨닉(Harold G. Koenig) 박사는 1,500건 이상의 의학 연구를 분석한 결과를 토대로 "보다 종교적이고 보다 기도를 많이 하는 사람이 정신적으로나 신체적으로 더 건강하다"는 결론을 내렸다. 그는 신의 도움을 구하는 영적인 사람들은 "스트레스에 더 잘 대처하고, 더 희망적인 만큼 훨씬 더 평안하며, 더 낙관적이고, 우울과 불안이 덜하며, 자살률이 낮다"고 말했다.[1)]

다른 사람들을 위한 기도에는 부메랑 효과가 있다. 기도는 우리가 다른 사람들을 위해 진 짐을 하나님의 어깨로 옮겨 놓는다. 하나님은 우리의 염려를 다 그분께 맡기라고 하셨다(벧전 5:7). 견딜 수 없는 짐이 우리의 기도로 인해 견딜 만해진다.

정치인들 때문에 짜증내지 말고 그들을 위해 기도하라. 교회의 상황에 분개하지 말고 교회를 위해 기도하라. 살면서 겪는 여러 어려움의 파도에 휩쓸리지 말고 모든 것을 하나님께 맡기라. 가족들의 장래를 걱정하지 말고 그들을 위해 기도하라. 다른 사람들을 위해 아무것도 할 수 없다고 생각하지 말고 기도의 자세를 취하라.

2008년 11월 10일 새벽 4시 30분, 이븐 알렉산더의 뇌 기능이 저하되기 시작했다. 통증이 그의 온몸을 관통했다. 그는 며칠 전부터 그를 괴롭힌 호흡기 바이러스 때문일 것이라고 생각했다. 하지만 두 시간이 지나자 단순한 바이러스 이상보다 심각한 증세임을 깨달았다. 그는 극심한 고통을 느꼈고, 몸을 거의 움직일 수 없었다. 오전 9시 30분 경, 그의 몸이 굳어지면서 경련을 일으켰다. 결국 혼수상태에 빠졌다.

진단 결과는 놀랍게도 대장균성 박테리아 뇌막염이었다. 누구도 병의 원인을 설명할 수 없었고, 누구도 그의 회생을 기대할 수 없었다. 성인이 이 병에 걸릴 확률은 연간 천만 명 중 한 명이 채 안 되며, 그중 90퍼센트 이상이 사망한다.

아이러니하게도 뇌 기능에 문제가 생긴 이 남자는 뇌 의학자였다. 알렉산더 박사의 이력은 가장 훌륭한 교육을 받은 학자에게조차 깊은 인상을 심어 줄 만하다. 그는 듀크대학교 의대를 졸업한 후 매사추세츠종합병원과 하버드 의대에서 수련의 생활을 했다. 뇌혈관 신경외과 연구원으로 일했고, 15년간 하버드 의대 교수로 재직했다. 무수히 많은 수술을 했고, 의학 학술지에 150편이 넘는 논문을 게재했으며, 국제 의학 콘퍼런스에서 200회 이상 연구 발표를 했다.

또 한 가지 아이러니한 것은 알렉산더 박사가 영적인 사람이 아니었다는 것이다. 그는 자신이 현실주의자였다고 말할 것이다. 그는 현대 의학 기술로 환자를 치료했다. 그가 혼수상태에서 본 것에 누구보다 놀란 사람은 그 자신이었다. "휙! 하는 소리가 나더니 눈 깜빡할 사이에 통로를 지나 완전히 새로운 세계에 가 있었다. 그곳에서는 희미하게 반짝이는 존재들이 호를 그리며 하늘을 가로질렀다. 거룩한 성가처럼 울려 퍼지는 거대한 소리가 들렸다. 빛과 색채와 사랑과 아름다움이 파도처럼 부딪쳐 오며 폭발했고, 하나님이 너무도 가까이 계셔서 나와 하나님 사이에 조금의 틈도 없는 듯했다."

무슨 일이 일어나는 중이었을까? 사람들이 그를 위해 기도하는 중이었다. 알렉산더 박사는 영적인 사람이 아니었지만 그의 친구들과 가족들은 영적인 사람들이었다. 린치버그종합병원에서 그들은 개별적으로, 혹은 함께 모여 기도했다. 며칠이 지나자 그들은 기도에 점점 확신을 잃었다. 알렉산더 박사가 혼수상태에 빠진 지 사흘째 되던 목요일에 성당의 신부님을 초청했다. 마지막으로 긴급한 기도의 물결이 일기 시작했고, 기도가 막다른 상황에 돌파구를 열어 주었다.

알렉산더 박사는 이렇게 썼다. "나는 거대한 벽 같은 구름을 통과하여 아래로 내려왔다. 주변이 온통 중얼중얼하는 소리로 가득했지만 무슨 말인지 알아들을 수 없었다. 그때 둥그렇게 나를 둘러싼 무수한 존재가 있음을 깨달았다. 그들은 무릎을 꿇고 있었다. 지금 생각해 보니, 위아래로 아득한 곳까지 퍼져 있던, 그 보일 듯 말 듯하고 만져질 듯 말 듯한 존재들이 무엇을 하고 있었는지 알 것 같다. 그들은 나를 위해 기도하고 있었다."[2]

일요일 아침에 그는 혼수상태에서 깨어났다.

당신의 삶에도 알렉산더 박사 같은 사람이 있는가? 당신의 세계에 위기가 발생했는가? 희망이 없는 곳에 희망을 가져다주라는 부름을 받았는가? 당신이 할 수 있는 게 기도밖에 없는가? 그래도 괜찮다. 기도는 당신에게 필요한 전부다.

더욱이 중보 사역만큼 행복을 증진시키는 것도 없다. 다른 사람들을 위해 기도해 보라. 예를 들면 혼잡한 공항을 지날 때 마음을 하늘로 들어 올려 이렇게 기도하는 것이다. "주님, 저 회색 양복을 입은 사람을 축복해 주세요. 너무 지쳐 보이네요. 그리고 저 엄마와 아기에게 힘을 주세요. 저 군인들에게 자비를 베풀어 주세요." 그러면 당신도 모르는 사이에 평범한 여행길이 의미 있는 믿음의 여정이 될 것이다. 그리고 당신은 우리 형과 내가 아버지를 도와 집을 지을 때 느낀 것과 같은 에너지를 느끼게 될 것이다!

하늘 아버지는 당신의 기도를 들으신다. 당신은 그분의 자녀이자, 사신이며, 제사장이기 때문이다.

당신은 하나님의 자녀다. "보라 아버지께서 어떠한 사랑을 우리에게 베푸사 하나님의 자녀라 일컬음을 받게 하셨는가"(요일 3:1). 당신은 하나님의 가족이다. 당신은 이방인이 아니라 이러한 약속을 받은 상속자다. 당신은 침입자가 아니라 하나님의 영이 내주하시는 자녀로서 하나님의 보좌 앞에 나아간다. 당신은 하나님께 속했다!

당신은 하나님의 사신이다. "그러므로 우리가 그리스도를 대신하여 사신이 되어 하나님이 우리를 통하여 너희를 권면하시는 것같이 그리스도를 대신하여 간청하노니 너희는 하나님과 화목하라"(고후 5:20). 사신은 왕을 대신한다. 그는 왕의 권위를 가지고 말한다. 사신은 왕을 대신할 임무를 부여받은 사람이다.

사신이 왕에게 요청하면 왕이 들을까? 이 세상에서 하나님의 사신이 된 우리가 왕이신 하나님께 요청하면 그분이 들으실까? 당연히 들으신다.

당신은 하나님의 제사장 중 한 명이다. 베드로는 "너희는 택하신 족속이요 왕 같은 제사장들이요 거룩한 나라요 그의 소유가 된 백성"이라고 했다(벧전 2:9).

하나님은 우리의 도움이 필요 없으시지만, 우리가 그분을 돕도록 초청하신다. 나의 아버지도 집을 지을 때 형과 나의 도움이 필요 없으셨지만, 우리가 아버지를 도울 수 있게 해 주셨다. 왜일까? 이유는 단 하나, 우리를 사랑하시기 때문이다. 아버지는 우리에게 아버지의 기술과 아버지가 소중히 여기는 가치를 물려주기 원하셨다.

하나님도 같은 일을 하신다! 그리스도께서 친히 우리를 위하여 간구하시고(히 7:25), 우리에게 함께 기도하자고 초청하신다. "너희도 산 돌 같이 신령한 집으로 세워지고 예수 그리스도로 말미암아 하나님이 기쁘게 받으실 신령한 제사를 드릴 거룩한 제사장이 될지니라"(벧전 2:5). 구약 시대 제사장의 임무는 하나님 앞에서 그분의 백성들을 위해 중재하는 것이었다. 그러므로 중보기도를 드릴 때 우리는 하나님과 사람들 사이에 서서 제사장의 역할을 하는 셈이다.

당신은 실제로 "그리스도 예수 안에서 함께 하늘에 앉아" 있다(엡 2:6). 당신은 가족이나 이웃, 혹은 소프트볼 팀을 위해 기도한다. 그런 식으로 당신은 당신의 세계에 영향을 미친다. 그리고 믿음이 자라 감에 따라 당신의 세계도 확장되어 간다. 하나님은 당신에게 고아나 빈민, 먼

나라의 고통받는 사람들에 대한 부담을 주신다. 여기에 대해 기도로 반응하라.

지역 사회의 아브라함이 되고, 일터의 백부장이 돼라. 이웃과 직장 동료들을 위해 하나님께 탄원하라.

주님의 나라가 임하는 데 우리가 아무런 영향을 끼칠 수 없다면 하나님께서 왜 우리에게 "나라가 임하시오며"(마 6:10)라고 기도하라고 하셨겠는가? 하나님은 당신의 기도를 외면하지 않으신다! 당신의 끈질긴 기도가 당신의 친구들을 위해 하늘문을 열 것이다.

내 친구 댄과 낸시 프랫 부부는 기도에 관한 감동적인 이야기를 들려주었다. 두 사람은 결혼 40주년을 맞아 신혼 첫날밤에 약속했던 대로 하와이로 여행을 떠나기로 했다. 그러나 떠나기 직전까지 걱정이 끊이지 않아 여행이 불발될 뻔했다.

댄과 낸시에게는 빌이라는 서른네 살 아들이 있다. 빌은 발달장애로 글을 읽지 못하지만, 동네 식료품점에서 물건을 봉투에 담는 일은 썩 잘한다. 그는 모든 사람에게 소리 높여 "안녕하세요?"라고 인사한다. 그래서 모두가 빌을 안다.

그런데 빌은 길을 잃을 때가 많다. 댄의 말에 의하면, 빌은 평소에 다니던 길로 가지 않으면 순식간에 사라지기 일쑤다. 댄과 낸시의 계획은 빌을 비행기에 태워 애틀랜타에 사는 그의 형에게 보내 일주일간 형과 같이 지내게 하는 것이었다.

하지만 그들은 걱정이 되기 시작했다. 그들은 날마다 빌에게 애틀랜타로 가는 과정에 대해 이야기했다. 산책할 때, 식사할 때, 그리고 아침에 일어나서 밤에 잠들기 전까지 계속해서 설명했다. 빌은 이해한 것 같았다. 그럼에도 엄마 아빠는 걱정이 되었다.

그래서 댄과 낸시는 기도하기 시작했다. 그들은 친구들과 가족들에게도 빌이 안전하게 애틀랜타에 도착할 수 있도록 기도해 달라고 요청했다.

공항에서 댄은 게이트까지 빌과 동행할 수 있는 특별 통행권을 발급받았다. 빌이 긴장해 있었기 때문에 그들은 공항 안을 왔다 갔다 했다. 그 사이에 낸시가 두 번 전화했고, 애틀랜타에 있는 빌의 형이 한 번 전화했다. 온 가족이 초긴장 상태였다.

마침내 탑승 10분 전이 되어 댄은 빌과 함께 게이트까지 걸어갔다. 그가 빌에게 탑승권을 건네줄 때 두 여자가 외쳤다. "안녕, 빌?" 그들은 식료품점에서 빌을 본 사람들이었고, 마침 빌과 같은 비행기를 탈 예정이었다. 그들의 대화가 끝나갈 때쯤 한 남자가 소리쳤다. "빌! 나 좀 도와줄 수 있어? 스테이크를 날라야 하거든." 그 역시 애틀랜타를 경유할 예정이었다. 그 후 10분 동안 다른 여섯 명도 빌을 알아보고 인사했다. 빌이 탑승할 때쯤 그에게는 같은 비행기에 탈 친구가 아홉 명이나 되었고, 그중 한 명은 자진해서 빌을 그의 형에게 데려다주겠다고 했다.

댄이 그 소식을 낸시에게 알렸을 때 낸시는 감정이 북받쳐 올라 말을 잇지 못했다. 그녀는 친구가 한 말을 떠올렸다. "걱정하지 마, 낸시. 빌은 아는 사람을 만나게 될 거고, 그들이 빌을 돌봐 줄 거야."[3]

그의 말처럼 빌은 아는 사람을 만났다. 하지만 아홉 명이나 만나다니, 놀랍지 않은가?

하나님은 빌의 가족과 친구들의 기도를 들으셨다.

그분은 당신의 기도도 들으신다.

우리는 기도한 후에 많은 것을 할 수 있지만, 기도하기 전에는 아무것도 할 수 없다. 우리는 봉사하기 전에 기도한다. 가르치기 전에 기도한다. 격려하기 전에 기도한다. 우리의 소명은 우리가 속한 세계의 사람들을 위해 아브라함 같은 사람이 되는 것이다. 그들과 하나님 사이에 서서 담대하게 아뢰라. 하나님은 분명 당신의 기도를 들으실 것이다.

● 행복이 더해지는 묵상과 나눔

1. '중보기도'란 다른 사람을 위해 기도하는 것을 말한다.

    - 당신은 매일의 삶에서 중보기도를 드리는가? 그렇게 하는 이유는 무엇인가?
    - 당신은 중보기도가 도움이 되리라고 생각하는가? 그렇게 생각하는 이유는 무엇인가?
    - 누군가를 위해 기도했다가 당신이 기도한 대로 응답받은 적이 있는가? 그러한 경험이 당신에게 어떤 영향을 미쳤는가?
    - 누군가를 위해 기도했는데 당신이 기도한 대로 응답받지 못한 적이 있는가? 그러한 경험이 당신에게 어떤 영향을 미쳤는가?

2. 창세기 18장 16-33절을 읽으라.

    - 본문에 따르면 아브라함은 어떤 성격의 사람일 것 같은가? 대담한 사람일까? 정신 이상자일까? 뻔뻔한 사람일까? 지나치게 순진한 사람일까?
    - 아브라함은 왜 소돔을 구하려고 하나님과 협상했는가?

3. 창세기 18장 16-33절은 인간이 하나님께 그분의 계획을 재고해 달라고 청한 최초의 사례다.

    - 하나님은 아브라함의 탄원에 어떻게 반응하셨는가?
    - 이것이 하나님에 대해 무엇을 말해 주는가?
    - 서로를 위해 기도하는 것의 위력에 대해 무엇을 말해 주는가?

4. 하나님께서 우리의 기도를 들어주실 거라고 믿는 것보다 이스라엘 민족의 조상인 아브라함 같은 사람의 기도를 들어주실 거라고 믿는 것이 더 쉬울 것이다. 당신은 하나님께서 당신의 기도를 들으신다는 것을 믿으려고 애쓴 적이 있는가? 그랬다면 그 이유는 무엇이고, 그러지 않았다면 그 이유는 무엇인가?

5. 마태복음 8장 5-13절을 읽으라.

   - 예수님은 왜 백부장의 하인의 병을 고쳐 주셨는가?
   - 백부장의 요청에 대한 예수님의 반응이 아브라함의 요청에 대한 하나님의 반응을 어떻게 반영하는가?
   - 이 이야기가 하나님께서 그리스도를 통해 우리와 맺기 원하시는 관계에 대해 무엇을 말해 주는가?

6. 성경은 우리가 그리스도 안에서 하나님의 자녀이자(요일 3:1) 사신이며(고후 5:20) 거룩한 제사장 중 하나라고(벧전 2:5) 말한다. 이러한 묘사가 기도의 힘에 대한 당신의 시각에 어떤 영향을 미치는가?

7. 다음 빈칸을 채우라. "서로를 위해 기도할 때 우리는 하나님의 작업실에 들어가 망치를 들고 하나님께서 뜻하신 바를 이루시도록 _____는 것이다."

   - 당신의 기도가 하나님께서 뜻하신 바를 이루시도록 돕는다는 것에 대해 어떻게 생각하는가?
   - 이러한 생각이 하나님께서 전지전능하시다는 사실과 어떻게 조화를 이룰 수 있는가? 예레미야서 32장 17절과 이사야서 46장 9-10절을 참고하라.

8. 야고보서에 나오는 다음 구절들에 대해 생각해 보라.

   "하나님을 가까이하라. 그리하면 너희를 가까이하시리라"(약 4:8).
   "의인의 간구는 역사하는 힘이 크니라"(약 5:16).

   야고보가 쓴 편지의 수신인은 극심한 압제를 받던 시기의 유대 그리스도인 공동체다. 로마 제국은 팔레스타인의 시골 사람들에게서 땅을 빼앗고 그들로 하여금 부유한 귀족들의 땅을 경작하게 했다. 이러한 현실에 그리스도인들은 외국의 지배를 받는 피지배

민으로서 무력감을 느꼈을 것이다. 우리는 그들이 고통당했음을 안다. 야고보가 다음과 같은 말로 편지를 시작하고 있기 때문이다. "내 형제들아 너희가 여러 가지 시험을 당하거든 온전히 기쁘게 여기라"(약 1:2).

- 야고보가 쓴 편지의 수신인들이 처한 상황을 생각할 때, 야고보는 왜 그들에게 기도하라고 권했을 것 같은가?
- 살면서 무력감에 빠졌던 적이 있는가?
- 만약 그렇다면, 당신은 그것에 대해 기도했는가? 그 이유는 무엇인가?

9. 저자는 기도를 하거나 신의 도움을 구하는 사람들이 "스트레스에 더 잘 대처하고, 더 희망적인 만큼 훨씬 더 평안하며, 더 낙관적이고, 우울과 불안이 덜하며, 자살률이 낮다"는 헤럴드 G. 쾨닉 박사의 연구 결과를 인용한다.

- 이러한 연구 결과에 대해 어떻게 생각하는가?
- 당신도 이러한 기도의 능력을 경험한 적이 있는가? 그렇게 생각하는 근거는 무엇인가?

10. 중보기도가 당신의 삶에 어떻게 행복을 더하는가? 다른 누군가를 위해 기도한 후 행복해진 적이 있는가? 그때의 경험에 대해 이야기해 보라.

11. 첫 번째 질문에 대한 당신의 대답으로 돌아가서 생각해 보라.

- 이 장을 읽으면서 중보기도에 관해 어떤 새로운 생각을 하게 되었는가?
- 여전히 누군가를 위해 기도하는 것이 어렵게 느껴진다면 그 이유가 무엇이라고 생각되는가? 그 사람이 처한 상황에 무력감을 느끼는가? 하나님께서 당신의 기도를 듣지 않으실 것 같은가? 당신에게 기도할 자격이 없다고 생각되는가?
- 당신이 다른 사람들을 위해 더 자주 기도하는 데 방해가 되는 것들이 무엇인지 생각해 보라.

12. 당신의 기도가 도움이 될 만한 누군가를 떠올려 보라. 당신이 그 사람과 하나님 사이에서 어떤 역할을 할 수 있을까?

7
조용한 봉사자

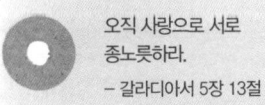

오직 사랑으로 서로
종노릇하라.
- 갈라디아서 5장 13절

그는 거구에 콘크리트 블록처럼 탄탄한 체격을 지녔다. 상고머리에 흰색 반소매 와이셔츠를 입고 넥타이를 맸으며, 셔츠 주머니에는 늘 볼펜이 꽂혀 있었다. 나는 텍사스주 오데사에 있는 파크뷰그리스도교회에서 매주 수요일에 그가 인도하는 성경공부 모임에 참석하는 네 명의 4학년 학생 중 하나였다. 교실에는 책상이 열 개 정도 되었던 것 같다. 그 선생님의 이름은 기억나지 않는다. 그의 삶에 관한 세부 사항도 기억나지 않는다. 그는 배관공이었을까? 아니면 우체부였을까? 잘 모르겠다.

다만 내가 놀라울 만큼 잘 기억하고 있는 것은 1965년 2월 10일 저녁의 일이다. 선생님은 몇 명의 열 살 소년들에게 로마서 7장의 의미를 가르치려 했다. 로마서 7장은 바울이 그의 마음속에서 벌어지는 내적 전쟁을 고백한 장이다. 그날 수업의 주제는 아이들에게 다소 버거웠다. 하지만 나는 선생님이 양심의 가책과 용서의 필요성에 대해 말씀하실 때 메모를 했다.

아마도 그는 내가 깊은 인상을 받았다는 것을 알지 못했을 것이다. 나는 질문도 하지 않았고, 감사를 표하지도 않았다. 그는 자신의 수업이 내게 어떤 영향을 미쳤는지 거의, 혹은 전혀 모르는 상태로 집에 갔을 것이다. 만약 그의 아내가 "오늘 수업은 어땠어요?"라고 물었다면 그는 아마 어깨를 으쓱하며 이렇게 대답했을 것이다. "잘 모르겠어. 아이들이 워낙 말이 없으니까." 하지만 그가 알지 못했던 것은 두 번째 줄에 앉아 있던 주근깨투성이의 빨강머리 소년이 그의 말을 주의 깊게 듣고 있었다는 것이다.

그날 밤 나는 아버지의 침실로 가서 천국에 대해 물었다. 아버지는 침대 가장자리에 앉으시더니 나를 옆에 앉히고 은혜에 대해 말해 주셨다. 나는 예수님께 용서를 청했고, 그다음 주일에 세례를 받았다. 새롭게 태어난 것이다.

가끔 그 선생님이 생각난다. 그는 목사가 아니었다. 그다지 활동적인 편도 아니었고, 말주변도 없었다. 그에게는 특별한 직함이 없었고, 신학교 졸업장도 없었다. 경기장을 가득 메운 청중 앞에서 설교를 한 적도 없었고, 내가 알기로는 교회를 세운 적도 없었다. 교회 성장이나 세계 기아 대책에 관한 전문가도 아니었다. 혹 그가 비영리기관에 거액을 기부하겠다는 유언을 남겼을지도 모르지만 나는 그것에 대해 들은 바가 없다. 하지만 그의 가르침은 내 인생의 행로를 바꿔 놓았다.

이후에 그를 다시 만난 적은 없지만 나는 그와 같은 사람들을 무수히 많이 보았다. 조용한 봉사자들, 하나님 나라를 위해 수고하는 일꾼들을 말이다. 그들은 옳은 일을 하고자 한다. 모임에 참석하고, 문을 열고, 음식을 만들고, 아픈 사람을 찾아간다. 그들은 앞에 나서지 않는다. 오히려 사람들에게 주목받는 것을 피한다. 그들은 강대상 앞에 서는 대신 강대상이 제자리에 있는지 점검한다. 마이크를 착용하는 대신 마이크에 전원이 들어오게 한다.

그들은 다음과 같은 성경구절을 몸소 실천한다. "형제들아 너희가 자유를 위하여 부르심을 입었으나 그러나 그 자유로 육체의 기회를 삼지 말고 오직 사랑으로 서로 종노릇하라"(갈 5:13). 이 말씀은 바울이 자유에 관해 쓴 글 말미에 나온다. 사도 바울은 다섯 장에 걸쳐 이렇게 선포하고 있다. "여러분은 자유롭습니다! 죄로부터 자유롭고, 죄책감으로부터 자유롭습니다. 율법으로부터 자유롭습니다. 노예의 멍에에서 벗어나 자유하게 되었습니다."

그러나 자유는 무엇이든 우리 마음대로 해도 된다는 핑계가 될 수 없다. 오히려 그 반대다. 우리는 자유롭기 때문에 섬긴다. 자원해서 다른 사람들을 위해 봉사한다. 섬김을 받고자 하는 사회에서 우리는 다른 사람들을 심길 기회를 찾으려 한다.

안드레에게도 이러한 섬김의 정신이 있었다. 그는 베드로의 형제이고, 야고보와 요한과 한동네 사람이다. 그러나 우리는 베드로와 야고보, 요한에 대해서는 자주 이야기하면서 안드레에 대해서는 언급하지 않는다. 그의 이름은 리더 명단 상위에 오른 적이 없다. 그는 다른 사람들의 그늘에 가려 지냈다. 단체 사진 속의 그는 늘 호주머니에 손을 넣은 채 가장자리에 서 있다. 아니, 어쩌면 사진을 찍은 사람이 그였을지도 모르겠다.

조용하다는 말은 자기만족적이라는 뜻이 아니다. 안드레가 주목받기를 원치 않았다고 해서 그에게 열정이 부족했다는 뜻은 아니다. 안드레는 그의 형제인 베드로를 예수님께 인도했다. 베드로는 최초의 설교를 했고, 예루살렘 교회를 이끌었다. 이방인에게 복음을 전했으며, 오늘날 우리가 읽는 서신서를 썼다. 또한 그는 바울을 옹호했다. 바울 서신을 좋아하는 사람들은 베드로에게 빚진 것이다. 그리고 베드로의 바위처럼 굳건한 믿음에서 힘을 얻은 사람들은 섬김의 정신을 보여 준 안드레에게 빚을 지고 있다.

하나님께서 마리아를 예수님의 어머니로 택하신 것도 마리아의 섬김의 정신 때문이었다. 마리아는 학자나 사교계의 명사가 아니었다. 그녀는 단순하고 평범한 시골 처녀였으며, 갈릴리의 외진 시골 마을인 나사렛 출신이었다.

당시의 사회 계층에서 마리아는 최하층에 속했다. 그녀는 로마의 지배를 받는 유대인이었고, 남자에게 종속되는 여자였다. 그것도 나이 많은 여자들에게 밀리는 젊은 여자였다. 게다가 가난했기에 중상류층보다 아래에 있었다.

이와 같이 마리아는 지극히 평범했지만, 바로 이 점이 그녀를 다른 사람들과 구별해 주었다. "주의 여종이오니 말씀대로 내게 이루어지이다"(눅 1:38).

하나님께서는 그리스도를 세상에 보내실 때 섬기는 이를 찾으셨다. 학위나 집안 배경 따위는 필요 없었다. 재산이나 출신지도 중요하지 않았다. 세상의 모든 겸손한 사람들은 하나님께서 그들을 사용하실 수 있다는 것을 알아야 한다. 그리고 세상의 모든 교만한 사람들은 하나님께서 그들을 바로잡으시리라는 것을 알아야 한다.

'죄'는 성경에서 스스로를 높이고자 하는 교만한 성향을 묘사할 때 사용하는 단어다. 죄는 우월감을 낳는다. 죄는 쇼핑몰 주차장에서 내 안의 화를 촉발한 병적인 요소를 가리킨다. 쇼핑몰 주차장에서 어느 여자가 내가 주차하려던 자리를 가로챘다. 내가 원했고 필요로 했던 곳, 내가 주차하려고 기다리고 있던 곳을 말이다(나는 모두가 알 수 있도록 깜빡이를 켜고 기다리고 있었다!) 그곳에는 내 차를 주차해야 마땅했다. 나는 몹시 바쁘고 중요한 사람이었기 때문이다. 내게는 쇼핑몰에서 빈둥거릴 시간이 없었다. 나는 하나님의 사람이었고, 심지어 그때는 크리스마스 전 주였다.

크리스마스 시즌은 목사들에게 매우 바쁜 시기다. 그런데 마침 주차장에 자리가 났다. 그것은 하나님께서 나를 도우신다는 증거였다.

하나님께서 내게 주신 복을 어떻게 그 여자가 가로챌 수 있단 말인가! 그런데 그녀는 그렇게 했다. 나는 그녀에게 무슨 말을 해 주려다가 참았다. 그렇게 하길 천만다행이었다. 그녀가 그곳을 지나쳐 가는 나를 보고 "안녕하세요, 목사님! 주일에 뵈어요!"라고 말했기 때문이다.

주차장에서 나를 강타한 교만에 지상의 인구 70억을 곱하라. 그리고 거기에 다시 날마다 교만이 우리를 찾아오는 횟수 수십 번을 곱하라. 그러고 보면 세상이 이렇게 혼란스러운 것은 당연하다.

야고보와 요한의 어머니 역시 우월감에 사로잡혔다.

> 그때 세베대의 아내가 두 아들을 데리고 예수님께 와서 절하였다. 예수님께서 물으셨다. "네가 원하는 것이 무엇이냐?" "저의 이 두 아들을 주님의 나라에서 하나는 주님의 오른편에, 하나는 주의 왼편에 앉게 해 주십시오"(마 20:20-21, 현대인의성경).

때때로 우리는 제자들이 과연 예수님의 말씀을 주의 깊게 들었는지 궁금해진다. 이 구절 바로 앞에 있는 장에서 예수님께서 제자들에게 어린아이처럼 되어야 한다고 말씀하셨기 때문이다(마 19:13-15). 예수님은 부자 청년에게 스스로를 믿지 말고 하나님을 믿으라고 말씀하셨다(마 19:16-21). "나중 된 자로서 먼저 되고 먼저 된 자로서 나중 되리라"고 선포하셨다(마 20:16). 그리고 자신이 죽으시고 부활하실 것을 예언하셨다(마 20:17-19).

그때 예수님께 겸손의 의미를 설명해 달라고 청한 제자가 하나라도 있었는가? 예수님을 위로한 사람이 있었는가? 예수님의 말씀에 대한 유일한 반응은 야고보와 요한의 어머니가 새 왕국에서 자신의 두 아들을 내각의 각료로 임명해 달라고 청한 것뿐이었다.

그녀는 자신의 아들들이 그리스도께서 행하신 기적을 목격한 것으로 충분하지 않았다. 그들이 사도로 선택된 것이나 예수님과 함께 변화산에 있었던 것으로도 충분하지 않았다. 그녀는 두 아들의 얼굴이 예수님의 얼굴과 함께 러시모어 산(워싱턴을 비롯한 네 명의 미국 대통령 얼굴이 새겨져 있는 산-역주)의 큰 바위에 새겨지기를 원했다. 한 아들은 예수님의 왼편에, 그리고 다른 아들은 예수님의 오른편에 말이다.

그러나 예수님은 곧바로 그녀의 생각을 바로잡아 주셨다.

너희 중에는 그렇지 않아야 하나니 너희 중에 누구든지 크고자 하는 자는 너희를 섬기는 자가 되고 너희 중에 누구든지 으뜸이 되고자 하는 자는 너희의 종이 되어야 하리라. 인자가 온 것은 섬김을 받으려 함이 아니라 도리어 섬기려 하고 자기 목숨을 많은 사람의 대속물로 주려 함이니라(마 20:26-28).

예수님은 섬기러 오셨다.

예수님께서 제자들 앞에 나타나신 장면 중 다음과 같은 상황이 있다. 갈릴리 바다에 있던 제자들은 해안가에서 누군가가 자신들을 부르는 소리를 들었다. 그 사람이 물고기를 잡을 수 있는 곳을 알려 주었을 때 제자들은 그분이 예수님이라는 것을 깨달았다. 베드로는 물속에 뛰어들어 해안까지 헤엄쳐 갔고, 다른 제자들은 열심히 노를 저었다. 해안에 도착하자 놀라운 광경이 그들을 기다리고 있었다. 예수님께서 요리를 하고 계셨던 것이다. 예수님은 제자들에게 "와서 조반을 먹으라"고 말씀하셨다(요 21:12).

서로 역할이 바뀌어야 하지 않았을까? 예수님은 방금 지옥문을 열고 나오신 참이었다. 그분은 사탄을 이기셨으며, 크신 은혜로 우리의 죄를 영원히 사해 주셨다. 예수님은 사탄에게 사형선고를 내리시고 아담 이후의 모든 죄인을 해방시키셨다. 그런 분이, 대적할 자가 없는 우주의 사령관이 앞치마를 두르시다니….

심지어 그분은 지금도 앞치마를 두르고 계신다. 예수님은 천국에서의 잔치를 약속하셨다. "주인이 띠를 띠고 그 종들을 자리에 앉히고 나아와 수종들"(눅 12:37) 그런 잔치를 말이다.

상상이 되는가? 무수히 많은 테이블에 음식이 차려져 있고, 예로부터 구원받은 이들이 기뻐 노래하는데 어떤 사람이 묻는다. "예수님을 본 사람 있나요?"

"저요." 다른 사람이 대답한다. "연회장 저쪽 끝에서 아이스티를 나르고 계시던데요."

그는 근본 하나님의 본체시나 하나님과 동등됨을 취할 것으로 여기지 아니하시고 오히려 자기를 비워 종의 형체를 가지사 사람들과 같이 되셨고(빌 2:6-7).

예수님은 가장 낮은 자리에 만족하셨다. 그분은 종으로 불리는 것에 만족하셨다.

당신도 그런 역할을 맡았다고 생각하라. 저녁 식사 후에 가족을 위해 설거지를 하라. 회의 때 제시간에 도착해서 주의 깊게 들음으로써 동료들을 섬기라. 교회에서 기도와 격려의 메시지로 목사님을 지원하라. 연로한 이웃을 위해 그 집 앞마당의 잔디를 깎아 주라.

이처럼 사람들에게 기쁨을 주는 데서 얻는 유익을 상상할 수 있겠는가?

물론 당신은 상상할 수 있다! 당신에게는 이미 그런 경험이 있기 때문이다.

몸이 아픈 직장 동료에게 파이를 가져다주거나 병든 아이에게 노래를 불러 주었을 때 당신과 상대방 모두 힘을 얻지 않았던가? 당신은 스스로를 미소 짓게 할 수 있는 가장 쉬운 방법이 먼저 다른 누군가를 미소 짓게 만드는 것임을 알 만큼 남을 도와 왔다.

'모'와 '조'의 상황을 비교해 보자. 모는 모두가 자기를 섬겨야 할 것처럼 생각한다. 아침에 눈을 뜨는 순간 그는 '누군가 나에게 커피를 가져다주는 사람 없나?' 하고 생각한다. 집을 나서면서 '차가 막히지 않아야 할 텐데.'라고 생각한다. 편의점 직원의 서비스가 느리면 화가 난다. 주차관리원이 모의 이름을 기억하지 못하면 투덜댄다. 부하 직원들이 생각보다 많은 시간이 필요하다고 하면 그들이 알아듣도록 따끔하게 말한다.

모는 세상에 대한 기대치가 높다. 그는 섬김을 받고 싶어 한다. 사람들이 그의 계획에 맞추고, 그의 필요를 충족시켜 주고, 그에게 보상해 주기를 바란다. 그래서 그는 행복할 때가 별로 없다. 서비스는 너무 느리고, 출퇴근하는 데 시간이 너무 많이 걸리고, 직원들은 그의 이름을 금세 기억해 내지 못한다. 모는 불행하다.

반면에 조는 '오늘은 누구를 도울 수 있을까?'를 기준으로 그날 하루의 성공 여부를 가늠한다. 도움이 필요한 사람은 늘 있기에 조의 하루는 늘 성공적이다. 그는 아침에 아내에게 커피를 가져다줌으로써 아내를 섬기고, 편의점 직원에게 미소를 보냄으로써 편의점 직원을 섬긴다. 격려의 말을 건넴으로써 주차관리원을 섬기며, 직장에서 늘 긍정적인 태도를 유지한다.

궂은 날씨나 교통체증 따위는 별문제가 되지 않는다. 세상이 조를 돌보기 위해 존재하는 게 아니라 조가 다른 사람들을 돌보기 위해 존재한다. 상황은 그에게 아무런 영향을 미치지 못한다. 조는 미소 띤 얼굴로 잠자리에 든다.

모는 불행하고, 사람들로 하여금 얼굴을 찌푸리게 한다.

조는 행복하고, 사람들로 하여금 미소 짓게 한다.

당신은 어느 쪽에 더 가까운가? 모인가, 조인가? 아니면 둘 다인가?

어쩌면 이제 삶을 달리 볼 때가 되었는지 모른다. 당신의 행복이 다른 사람들의 섬김에 달렸다면 당신은 늘 실망할 것이다. '다른 사람들을 섬기는 데서 행복을 찾으라, 그러면….' 그다음 문장은 당신이 완성할 수 있을 것이다.

연구 결과가 이를 증명한다. 선을 행하면 선을 행한 당사자에게 좋은 일이 생긴다. 4,500명 이상의 미국 성인을 대상으로 한 2010년 연구에 의하면, 연간 100시간 넘게 자원봉사를 한 사람 중 68퍼센트가 신체적으로 더 건강해졌다고 보고되었다. 73퍼센트가 "봉사활동이 스트레스를 낮추었다"고 말했으며, 89퍼센트가 "봉사활동으로 인해 행복이 증가했다"고 말했다.[1] 다른 사람들에게 기쁨을 줄 때 우리의 기쁨도 증가한다.

또 다른 연구에서 심리학자 버나드 림랜드(Bernard Rimland)는 실험 참가자들에게 지인 열 명의 명단을 작성한 뒤 그 옆에 그들이 행복한지 불행한지를 쓰게 했다. 그런 다음 명단을 다시 살펴보며 그들이 이기적인지 이타적인지 구분하게 했다. 이렇게 해서 얻은 결과는 그로 하여금 다음과 같은 결론을 내리게 했는데, 이는 이 책의 주제와도 일맥상통한다. "행복하다는 평가를 받은 모든 사람은 이타적이라는 평가를 받았다."[2]

다른 사람들을 이롭게 하는 것이 당신을 이롭게 하는 것이다! 당신 스스로를 미소 짓게 할 방법은 먼저 다른 사람들을 미소 짓게 만드는 것이다.

연구자들이 봉사의 유익에 대해 생각하기 훨씬 전에 하나님은 이렇게 약속하셨다.

주린 자에게 네 심정이 동하여 괴로워하는 자의 심정을 만족하게 하면 네 빛이 흑암 중에서 떠올라 네 어둠이 낮과 같이 될 것이며 여호와가 너를 항상 인도하여 메마른 곳에서도 네 영혼을 만족하게 하며 네 뼈를 견고하게 하리니 너는 물 댄 동산 같겠고 물이 끊어지지 아니하는 샘 같을 것이라(사 58:10-11, 저자 강조).

모든 사람이 서로를 섬긴다면 무슨 일이 일어날까? 얼마나 많은 가정이 화목해질까? 정치인들이 자신들보다 국민을 섬기려 한다면 그 나라에 얼마나 큰 유익이 있을까? 교회가 섬기는 사람들로 가득하다면 얼마나 많은 열 살 소년들의 삶이 변화될까?

내 기억 속의 복도에는 사진 한 점이 걸려 있다. 그것은 두 사람(남자와 여자, 70대 노부부)의 사진이다.

남자는 환자용 침대에 누워 있다. 하지만 그 침대는 병실이 아니라 거실에 있다. 그의 몸은 기능적으로 아무 쓸모가 없다. 루게릭병으로 근육이 위축된 탓에 뼈와 뼈 사이의 살이 마치 우산살 사이의 천처럼 팽팽하다. 그는 목 아래쪽에 삽입한 관을 통해 호흡한다. 그의 몸은 움직이지 않지만, 그의 눈은 나이보다 어려 보이는 그의 아내를 찾는다. 그녀의 머리카락은 희끗희끗하지만 침대에 누워 있는 이와 대조

적으로 활기차고 건강하다. 그녀는 기꺼이 그날의 할 일, 즉 남편 돌보는 일을 시작한다. 변함없는 애정을 가지고 그녀는 지난 2년간 해온 일을 한다. 그것은 쉬운 일이 아니다. 남편을 씻기고 먹여야 한다. 그의 머리를 빗겨 주고, 이를 닦아 주고, 면도를 해 주어야 한다.

  그녀는 남편의 손을 잡고 그와 함께 TV를 시청한다.

  그녀는 한밤중에 일어나서 그의 폐에 들어찬 노폐물을 제거한다.

  그녀는 허리를 굽혀 그의 신열이 오른 얼굴에 입맞춤을 한다.

  그녀는 그를 섬긴다.

  그녀는 안드레와 마리아의 계보를 잇는다.

  아버지가 마지막 숨을 내쉴 때까지 두 분은 40년 넘게 결혼생활을 이어 오셨다. 그리고 아버지의 장례식 날 나는 그리스도의 정신, 즉 조용한 섬김의 정신을 보여 주신 어머니께 감사드렸다.

● 행복이 더해지는 묵상과 나눔

1. 저자는 자신을 그리스도께 인도한 주일학교 선생님에 대한 이야기로 이 장을 시작한다. 그 선생님은 "조용한 봉사자"이다.

   - 당신도 그런 조용한 봉사자를 만난 적이 있는가?
   - 만약 그렇다면, 그는 누구였는가? 그가 당신에게 어떤 영향을 미쳤는가?

2. 당신이 속한 지역사회에서 조용한 봉사자가 어떻게 받아들여지는가?

   - 그들은 존경받는가, 아니면 무시당하는가?
   - 그와 같은 조용한 봉사자에 대한 태도가 다른 사람들을 섬기려는 당신의 바람에 어떤 영향을 미치는가?

3. 갈라디아서 5장 13절에서 바울은 이렇게 말했다. "형제들아 너희가 자유를 위하여 부르심을 입었으나 그러나 그 자유로 육체의 기회를 삼지 말고 오직 사랑으로 서로 종노릇하라." 여기서 "종노릇하라"로 번역된 헬라어는 '도울레우오'(douleuo)로, 예속 상태에 있는 사람이 다른 사람의 권위에 복종하는 것을 의미한다. 그런데 이 구절보다 앞선 갈라디아서 4장 7절에서 바울은 독자들에게 그들이 더 이상 종이 아니라 하나님의 자녀라고 선포했다.

   - 바울이 갈라디아 교인들에게 그들이 더 이상 종이 아니라 하나님의 자녀라고 말한 뒤 왜 그들에게 종노릇하라고 권했을까?
   - 자유가 서로를 섬기려는 우리의 바람을 어떻게 더 증진하는가?
   - 그리스도인의 삶을 살면서 당신도 그러한 경험을 한 적이 있는가?

4. 그리스도는 마리아를 통해 이 땅에 오셨다. 당신은 성경이 마리아에 대해 어떻게 말하는지 주의 깊게 살펴본 적이 있는가? 그 이유는 무엇인가?

5. 누가복음 1장 26-28절을 읽으라.

- 본문은 마리아의 성격에 대해 무엇을 말해 주는가?
- 하나님께서 그분의 뜻을 이루기 위해 사용하시는 사람의 성격에 대해 무엇을 말해 주는가?
- 하나님께서 왜 조용한 봉사자를 사용하신다고 생각하는가?

6. 예수님은 그분의 삶과 죽음과 부활하신 몸을 통해 우리에게 섬김의 본을 보여 주셨다. 마태복음 9장 35-36절과 마가복음 8장 1-10절, 누가복음 23장 44-49절, 요한복음 21장 4-14절을 읽으라.

- 예수님은 어떻게 섬기셨는가?
- 예수님은 누구를 섬기셨는가?
- 예수님이 보여 주신 섬김의 예 중 어떤 것이 가장 가슴에 와닿는가? 그 이유는 무엇인가?

7. 예수님은 완전한 섬김의 예를 보여 주셨다. 그분은 섬김을 받으러 온 게 아니라 섬기러 오셨다고까지 말씀하셨다(마 20:28). 그러나 신앙생활을 열심히 하는 사람들도 서로 섬기는 것을 어렵게 생각할 수 있다. 그 이유가 무엇일까?

- 당신에게는 다른 사람들을 섬길 어떤 기회가 있는가?
- 당신이 현재 그 기회를 선용하지 못한다면, 그 이유는 무엇인가?

8. 최근에 당신이 다른 누군가를 섬긴 경험에 대해 이야기해 보라.

- 당신은 그 사람을 어떻게 섬겼는가?
- 당신의 섬김에 그 사람이 어떻게 반응했는가?
- 그 사람을 섬기고 나서 어떤 기분이 들었는가?

9. 심리학자인 버나드 림랜드는 이타심과 행복의 연계에 관해 연구했다.

- 이타적인 사람들이 더 행복한 이유가 무엇이라고 생각하는가?
- 당신의 행복도가 당신의 이기적인 태도에 영향을 받은 적이 있는가?

10. 우리는 종종 시간이나 에너지가 없다는 생각에 다른 사람들을 섬기지 못한다. 이사야서 58장 10-11절을 읽으라.

- 본문은 당신이 주린 자를 먹이고 괴로워하는 자를 도와주면 무슨 일이 일어난다고 말하는가?
- 당신이 시간이나 에너지가 없다고 느낄 때에도 다른 사람들을 섬기는 데 있어서 본문이 어떻게 도움이 되는가?
- 당신은 시간이나 에너지가 부족하다고 느끼면서도 다른 누군가를 도울 때 하나님의 도우심을 경험한 적이 있는가?
- 그때 하나님께서 당신을 어떻게 도우셨는가?
- 그 경험이 그리스도인으로서 섬김의 삶을 사는 것에 대해 무엇을 가르쳐 주었는가?

11. 어떤 사람들은 충분히 섬기지 않아서가 아니라 너무 많이 섬겨서 문제다. 예수님은 섬김의 본을 보여 주셨지만 쉼의 본을 보여 주시기도 했다. 누가복음 5장 15-16절을 읽으라.

- 예수님은 사역을 하시면서 많은 사람을 섬기는 것과 휴식을 취하는 것에 어떻게 균형을 이루셨는가?
- 예수님께서 휴식을 취하신 예를 들어 보라. 예수님은 그 시간을 어떻게 보내셨는가?
- 다른 사람들을 섬기느라 바쁜 중에 어떻게 예수님처럼 한적한 곳에서 휴식을 취할 수 있을까? .

12. 섬기는 것에 관하여 오늘 당신의 마음 상태가 어떠한지 살펴보라.

- 섬기는 것에 대해 거부감이 드는가? 그 이유는 무엇인가? 당신으로 하여금 섬기지 못하게 하는 것은 무엇인가? 이 문제에 대하여 어떻게 성령님의 도우심을 청할 수 있을까?
- 너무 많이 섬긴 나머지 탈진하기 일보 직전인가? 한동안 당신이 뒤로 물러나 있을 수 있는 섬김은 어떤 영역인가? 당신은 어떤 유형의 휴식을 취하고 싶은가?

8
당신을 불편하게 하는 사람들

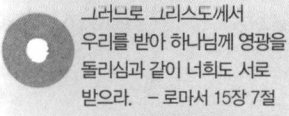

그러므로 그리스도께서 우리를 받아 하나님께 영광을 돌리심과 같이 너희도 서로 받으라. – 로마서 15장 7절

옛날에 우리가 사는 곳에서 그리 멀지 않은 곳에 말끔하게 정돈된 마을이 있었다. 그곳 주민들은 거리를 깨끗이 청소하고 잔디를 산뜻하게 손질했다. 각 가정에는 두 명의 자녀와 부모, 개나 고양이, 그리고 금붕어가 있었다. 사람들은 개를 산책시키고, 우편배달부에게 손을 흔들어 주었으며, 밤 10시가 되면 잠자리에 들었다. 그들은 조용한 생활을 즐겼다. 그런데 어느 날 그들의 평온한 일상이 엉망이 되었다. 한 남자가 오크앤엘름 거리 모퉁이에 있는 벽돌집으로 이사 온 후부터 벌어진 일이다. 혼자 사는 남자, 가족도 없고 결혼도 하지 않은 남자가 이사 온 탓이다. 그는 '레위'라는 이름의 독신남이었다.

레위는 성능이 좋은 스포츠카를 몰았는데, 늘 차의 지붕을 열고 달렸다. 그는 웃통을 벗은 채 잔디를 깎았으며, 마당에 수영장과 데크, 그릴과 옥외 사운드 시스템을 설치했다. 다른 사람들이 모두 조용히 쉬는 저녁에 하루를 시작할 준비를 했다.

그는 파티를 자주 열었다. 그때마다 마을의 으슥한 지역에 사는 그의 친구들이 찌그러진 트럭과 차체가 낮은 승용차를 타고 왔다. 남자들은 문신을 하고 카우보이 부츠를 신었으며, 여자들은 꽉 끼는 탱크 톱을 입었다. 어떤 남자들은 배에 식스팩이 있었고, 어떤 남자들은 손에 식스팩(여섯 개들이 캔맥주를 가리킨다–역주)을 들었다. 그들은 큰 소리로 떠들어 댔고, 술을 진탕 마셨으며, 밤늦도록 흥청거렸다.

일요일 아침이면 점잖은 동네의 점잖은 사람들이 차를 몰고 교회에 가다가 새로운 이웃의 앞마당에 나뒹구는 맥주 캔을 보고 자녀들에게 말하곤 했다. "저 사람에게는 예수님이 필요해."

그래서 예수님이 오셨다. 예수님이 그 마을의 그 골목으로 걸어 들어오셨다. 예수님은 집집마다 찾아가 사람들과 대화를 나누고, 도미노 게임을 하고, 함께 음식을 만들 시간이 있는지 물으셨다.

하지만 그처럼 어리석은 일에 시간을 낼 수 있는 사람이 누가 있겠는가? 마을 사람들은 저마다 일이 있었고 너무 늦지 않게 귀가해야 했다. 예수님께 시간을 내어 드릴 수 있는 사람은 아무도 없었다. 오크 앤엘름 거리 모퉁이 집에 사는 남자를 제외하고 말이다.

요란한 차와 소란스러운 친구들을 거느린 그 남자에게는 시간이 있었다. 그래서 예수님은 레위의 집 문을 두드리셨고, 레위는 예수님을 저녁 식사에 초대했다. 두 사람은 죽이 잘 맞았다. 그들은 농담을 하고, 인생을 논하며, 즐거운 시간을 보냈다. 마침내 레위는 예수님에게 그의 떳떳하지 못한 과거를 털어놓았다. 예수님은 그에게 용서와 미래를 말씀하셨다. 레위가 "저 같은 사람도 용서받을 수 있을까요?"라고 묻자 예수님은 미소 지으셨다. "그럼요. 용서는 더더욱 당신 같은 사람을 위한 것입니다."

어느 날 예수님이 레위를 찾아와 특별한 제안을 하셨다. "나를 따라오세요." 그러자 레위는 "모든 것을 버려두고 예수님을 따랐다"(눅 5:27-28 참조, 현대인의성경). 레위는 '마태'라는 이름으로 더 잘 알려져 있다. 예수님의 제자이자 복음서의 저자인 바로 그 사도 마태 말이다. 하지만 마태이기 전에 그는 레위였다. 사도이기 전에 그는 사기꾼이었다. 복음서를 쓰기 전에 그는 마을 사람들의 돈을 가로챘다.

마태는 세리, 즉 로마 국세청을 위해 일하는 유대인이었다. 로마 황제는 세리들에게 무엇에든 세금을 거둘 수 있게 했다. 로마에 일정액을 바치기만 하면 세리들은 그 나머지를 원하는 만큼 가질 수 있었다. 그래서 그들은 그렇게 했다. 사람들의 고혈을 빨아 부자가 되었다. 그들의 집 벽에는 다음과 같은 사명선언문이 걸려 있었다. '모을 수 있는 만큼 모으고, 모아들인 것은 절대 새어 나가지 않게 하라.'

마태가 스포츠카를 몰고 다니며 파티를 열 수 있었던 것은 그러한 이유였다. 그가 무례하고 거친 언사를 쓰는 것도 그러한 이유였다. 그는 품격과 자존감을 두둑한 지갑과 좋은 차와 바꾼 지 오래였다. 그는 파티나 고등학교 동창회에 초대된 적이 없었다. 그가 지나가면 사람들은 "저 사람이 레위야. 사람들의 고혈을 짜내는…." 하고 속삭였다. 그는 뱀보다 더 교활한 사기꾼이자 악당이었다. 그는 세리였다.

그러나 예수님은 마태의 내면에 있는 무언가를 보셨고, 마태는 예수님에게서 구원을 보았다. 그래서 예수님이 따라오라고 하셨을 때 그 제안을 받아들였다. 그는 예수님의 제자가 되었다.

그러나 새 삶을 살게 된 후에도 마태는 옛 친구들을 잊을 수 없었다. 그는 친구들이 그리웠다. 확실히 그들은 입이 거칠고 도덕관념도 부족했다. 그들은 헐벗은 무희들이 나오는 나이트클럽에 드나들며 카지노에서 주말을 보냈다. 멋진 옷을 차려입고, 취하도록 술을 마셨으며, 아무렇게나 살았다. 하지만 마태는 그들을 사랑했다. 어느 날 마태가 예수님께 말했다. "저는 선생님의 제자들이 좋습니다. 베드로와 요한, 그리고 다른 사람들 모두 마음에 듭니다. 하지만 예전의 친구들이 정말로 그립네요. 빌리 밥과 부바 조, 베티 수…."

예수님이 말씀하셨다. "내 친구가 되었다고 해서 그들의 친구가 될 수 없는 것은 아닙니다. 나도 그들을 만나 보고 싶네요."

마태는 어깨를 으쓱했다. "그들을 만나시겠다고요? 그들은 교회에 다니는 사람들이 아니에요. 예배당에서 환영받지 못하는 사람들이지요."

"상관없어요. 환영받지 못하기는 나도 마찬가지입니다. 파티를 여는 게 어떨까요? 파티를 열어서 두 그룹 모두를 초대하는 거예요. 베드로와 도마, 그리고 빌리 밥과 부바 수를."

"부바 수가 아니라 부바 조예요. 하지만 정말 근사한 생각인걸요?"

마태는 요리사를 부르고 손님 명단을 작성했다. "레위가 예수를 위하여 자기 집에서 큰 잔치를 하니 세리와 다른 사람이 많이 함께 앉아 있는지라"(눅 5:29).

이것은 뒤뜰에서 하는 단순한 바비큐 파티가 아니었다. 많은 사람이 참석한 큰 잔치였다. 고급 와인이 나오고, 테이블마다 음식이 가득했으며, 방 안 구석구석까지 손님들이 들어찼다. 평범한 손님들이 아니었다. 오토바이 폭주족과 미인들, 그리고 성경을 들고 다니는 사람들이 섞여 있는 흥미로운 모임이었다. 사도들은 어중이떠중이들과 한데 어울렸다. 마치 술꾼들과 주일학교 학생들이 한자리에 있는 듯했다.

예수님은 몹시 즐거워하셨다. 그러나 종교 지도자들은 분개했다. 그들은 바리새인이라고 불리는 사람들이었다. '바리새'라는 말은 외따로 떨어져 있는 사람을 뜻하는 아람어에서 유래했다.[1] 바리새인들은 자신들을 죄인들과 구별하였다. 그들의 정의에 따르면 거룩함은 구별, 혹은 분리를 뜻했다. 선한 사람들(하나님의 백성들)은 자기들끼리 모인다. 그들은 나쁜 사람들과 사귀지 않는다.

바리새인들은 파티에 대한 소문을 듣고 가만히 있을 수 없었다. 그래서 이맛살을 찌푸린 채 유난히 두꺼운 성경책을 들고 마태의 집으로 몰려왔다. 그리고 예수님에게 삿대질을 하며 설명을 요구했다. "너희가 어찌하여 세리와 죄인과 함께 먹고 마시느냐?"(눅 5:30).

마태의 친구들은 신음소리를 냈다. 그들은 이럴 때 어떻게 해야 하는지 알고 있었다. 자신들이 이런 자리에 어울리지 않는다는 것을 알고 있었다. "당신 같은 사람은 하나님의 백성이 될 자격이 없다"는 말을 평생 들어 왔기 때문이다. 그들은 소지품을 챙겨 자리를 뜨기 시작했다. 파티는 끝났다.

예수님은 여러 가지 말로 이렇게 빨리 끝낼 수 없음을 말씀하셨다. 그래서 일어나셨다(문자 그대로는 아닐지라도 적어도 상징적으로). 마태와 그의 친구들을 위해 분연히 일어나셨다. "건강한 자에게는 의사가 쓸 데 없고 병든 자에게라야 쓸 데 있나니 내가 의인을 부르러 온 것이 아니요 죄인을 불러 회개시키러 왔노라"(눅 5:31-32).

예수님의 말씀에는 아이러니가 담겨 있다. 바리새인들은 스스로를 영적으로 "건강"하고 "의롭다"고 여겼지만, 사실 그들은 병들었고 자기 의에 사로잡혀 있었다. 하지만 그들은 자신들이 병들었다고 생각하지 않았으며, 예수님이 필요하다고 여기지도 않았다.

반면에 마태와 그의 친구들은 예수님께 자리를 내어 드렸다. 그 결과 예수님도 그들에게 자리를 내어 주셨다.

우리도 예수님께 자리를 내어 드리고 있는가?

인간관계와 관련하여 가장 어려운 질문 중 하나는 '레위 같은 사람을 어떻게 대할 것인가?'이다.

당신의 레위는 당신과 근본적으로 다른 사람이다. 가치관이 다르고 철학이 다른 사람이다. 행동 방식과 옷차림과 신앙이 다른 사람이다. 당신은 하이브리드 차를 모는데 그 사람은 휘발유를 많이 잡아먹고 대기 오염을 유발하는 트럭을 몬다. 당신은 공화당에 투표하는데 그 사람은 아무에게나 표를 던진다. 당신은 남편을 사랑하는데 그 사람은 동성애자다.

당신의 레위는 '당신과 반대되는 사람'이다. 그런 사람은 당신의 기쁨을 앗아갈 수 있다. 그런 사람들과 함께 있으면 긴장되고, 어색해지고, 크고 작은 분노가 일 수 있다. 그런 관계를 잘 다룰 수 없을 때 당신은 고립과 편견, 독선에 빠지게 된다.

'당신과 반대되는 사람'이 당신의 상사라면 어떨 것 같은가? 당신의 이웃이라면? 당신의 직장 동료라면? 당신의 부모님이나 자녀라면?

하나님은 우리가 이 세상의 레위들에게 어떻게 반응하기를 원하시는가? 그들을 무시하기 원하시는가? 그들과 함께 식사하기를 원하시는가? 그들이 들어올 때 방에서 나가기를 원하시는가? 계속해서 방 안에 있을 수 있도록 그들에게 나가 달라고 말하기를 원하시는가? 서로 다른 점에 대해 토론하기를 원하시는가? 서로 다른 점을 무시하기 원하시는가? 논쟁하기를 원하시는가? 그들을 피하기 원하시는가?

가장 좋은 대답은 다음의 짤막한 권고에서 찾을 수 있을 듯하다. "그러므로 그리스도께서 하나님께 영광을 돌리기 위해 우리를 받아 주신 것처럼 여러분도 서로 따뜻이 맞아들이십시오"(롬 15:7, 현대인의성경).

이 구절은 바울이 서른한 절에 걸쳐 로마 교회의 연합을 호소하는 글(롬 14:1-15:7)을 요약한다. 바울은 '맞아들이다'라는 동일한 동사로 이

글을 시작하고 끝맺었다. '프로슬람바노'(proslambano)라는 이 동사는 관용하거나 공존하는 것 이상의 의미를 지닌다. "그것은 상대방을 마음으로 받아들이고 그와의 교제를 즐거워하는 것을 의미한다. 그것은 참된 사랑에서 우러난 따스함과 친절을 암시한다."2)

바울은 빌레몬에게 노예인 오네시모를 바울 자신을 대하듯 반갑게 맞아 달라고 하면서 이 동사를 사용했다(몬 17). 누가는 난파당한 사람들에 대한 몰타섬 주민들의 환대를 묘사할 때 이 단어를 사용했다(행 28:2). 그리고 예수님은 그분이 우리를 맞이하시는 방식을 묘사하는 데 이 단어를 사용하셨다(요 14:3).

예수님께서 우리를 어떻게 맞으시는가?

나는 그분이 나를 어떻게 다루시는지 안다.

나는 내리막길을 걷는 스물한 살의 문제아였다. 10년 전에 그리스도께 헌신했지만, 내가 살아가는 방식을 보면 아무도 그 사실을 짐작할 수 없었다.

나는 주일 아침이면 하나님의 자녀 행세를 하고 토요일 밤에는 악마와 벗하며 5년을 보냈다. 나는 위선자였다. 두 얼굴의 위선자였다. 되는 대로 살았고, 자기중심적이었다. 잃어버린 바 되었다. 레위가 그랬던 것처럼 말이다.

그렇게 돼지우리 안에서 사는 데 지쳤을 때 하나님의 은혜를 어렴풋이 감지했다. 그리하여 예수님께 나아왔고, 예수님은 나를 다시 받아 주셨다.

여기서 유의할 점은 예수님께서 내 행동을 받아들이신 것은 아니라는 점이다. 예수님은 내가 술 파티를 벌이거나 문제를 일으키는 것을 두둔하지 않으셨다. 그분은 나의 방종과 편견을 기뻐하지 않으셨다. 허세를 부리거나, 남을 조종하거나, 과장하기 좋아하는 성향에 대해서는 어떠셨을까? 속물적 태도에 대해서는? 나는 그 모든 것을 버려야 했다. 예수님은 자기중심적인 맥스에 대해 대충 넘어가지 않으셨다. 그분은 나의 죄된 행동을 받아들이지 않으셨다.

그렇지만 예수님은 '나'를 받아들이셨다. 그분의 제멋대로 자녀인 나를 맞아 주셨다. 예수님은 그분으로 인해 변화될 수 있는 나를 받아들이셨다. 나에게 먼저 죄를 씻은 후 다시 오라고 하지 않으셨다. 그분은 "내게 오라. 내가 너를 깨끗케 하겠노라"고 말씀하셨다. 예수님은 "은혜와 진리가 충만"하셨다(요 1:14). 은혜뿐 아니라 진리도 충만하셨다. 진리뿐 아니라 은혜도 충만하셨다. 은혜, '그리고' 진리가 충만하셨다.

은혜는 간음한 여인에게 "나도 너를 정죄하지 아니"한다고 말한다(요 8:11).
진리는 그녀에게 "가서 다시는 죄를 범하지 말라"고 말한다(요 8:11).

은혜는 삭개오로 하여금 예수님께 점심 식사를 대접하게 한다.
진리는 그로 하여금 재산의 절반을 팔아 가난한 사람들에게 나눠주게 한다(눅 19:1-8).

은혜는 제자들의 발을 씻긴다.

진리는 그들에게 "내가 너희에게 행한 것같이 너희도 행하게 하려 하여 본을 보였노라"고 말한다(요 13:15).

은혜는 베드로로 하여금 배에서 뛰어내려 물 위를 걷게 한다.

진리는 그의 믿음이 적은 것을 꾸짖는다(마 14:28-31).

은혜는 우물가의 여인에게 영원한 생수를 마시라고 초대한다.

진리는 그녀에게 다섯 명의 남편이 있었고 현재 남자친구와 동거 중임을 상기시킨다(요 4:4-18).

예수님은 한밤중에 니고데모를 만나 주실 만큼 은혜로우셨다. 그리고 그에게 "사람이 거듭나지 아니하면 하나님의 나라를 볼 수 없느니라."라고 말씀하실 만큼 진리로 충만하셨다(요 3:3).

예수님은 진리를 말씀하시되 은혜롭게 말씀하셨다.

예수님은 은혜를 베푸시되 진리 안에서 베푸셨다.

은혜와 진리. 받아들임은 이 두 가지 모두를 추구한다.

은혜만 베풀 경우, 우리는 진리를 간과하게 된다. 진리만 중시할 경우, 우리는 은혜 베푸는 기쁨을 놓치게 된다. 우리의 목표는 균형을 이루는 것이다.

균형을 이루기가 수월하다면 얼마나 좋을까!

나는 양극단으로 치우치곤 했다. 나는 진리 추구에 몰두한 나머지 은혜를 잊었고, 관용을 강조한 나머지 진리를 놓쳤다.

언젠가 결혼생활에 위기를 맞은 한 여인을 위로하고자 했다. 그녀는 이혼을 고려 중이었다. 그녀의 남편은 언어폭력을 일삼았고, 바람까지 피우는 듯했다. 나는 그녀에게 이혼을 권했다. 그 후 몇 달간 그녀의 소식을 듣지 못했다. 마침내 그녀를 다시 만났을 때 그녀는 이렇게 말했다. "저는 다시 일어섰어요. 믿음도 더 강해졌고요. 하지만 목사님 때문은 아니에요."

헉! 이럴 수가….

그녀가 말했다. "목사님은 제게 출구를 가리켜 보이셨어요. 하지만 저는 안에 머물도록 도전받을 필요가 있었지요."

'죄는 미워하되 사람은 미워하지 말라'는 말은 참으로 멋진 말이다. 그렇다면 대체 어떻게 해야 그 원리를 우리 마음속에 새길 수 있을까? 어쩌면 다음의 아이디어들이 도움이 될지도 모르겠다.

판단을 유보하라. 만나는 모든 사람을 새로운 마음가짐으로 대하라. 편견이나 선입견을 버리라.

이 책을 쓰던 시기의 어느 토요일 오후에 나는 대도시의 중심가를 지나게 되었다. 어느 건물의 콘크리트 계단에 어떤 남자가 초췌한 모습으로 앉아 있었다. 그는 방울 달린 털모자에 지저분한 옷을 입고 있었으며, 수염이 덥수룩했다. 발치에는 음료수 캔이 놓여 있었다.

어떤 면에서 그는 내 세계의 레위였다. 나는 그를 그냥 지나칠 수 있었다. 하지만 "서로 ○○하라"는 성경구절들을 실천함으로써 행복해지는 법에 대해 연속 설교를 하는 중이었기에 불편한 마음을 밀어내고 그의 옆에 앉았다. 나는 그가 직업도 없이 떠도는 노숙자인 줄 알았다. 하지만 그것은 틀린 생각이었다.

그는 무대 세트 만드는 일을 했는데, 지금 막 밤샘 근무를 마치고 나온 참이었다. 우리는 잠시 그가 하는 일에 대해 이야기를 나눴다. 그는 수십 년간 최상의 컨트리 음악을 들려주기 위해 무대를 설치하고 허무는 일을 해 왔다. 그는 자신이 만나 본 몇몇 가수에 대해 이야기했다. 그리고 하나님께서 그의 삶을 축복하셨으며, 주님의 은총을 느낀다고 했다. 정말로 내가 그를 잘못 본 것이다. 잠시 후 나는 조금 민망한 기분으로 그와 헤어졌다.

랄레이 워싱턴(Raleigh Washington)은 인생의 많은 부분을 인종 간의 화해에 바친 아프리카계 미국인 목사다. 그는 화해의 가교를 놓는 데 있어서 가장 중요한 말은 "당신과 같은 상황에 처한다는 게 어떤 것인지 알 수 있게 도와주세요."라고 말한다.[3]

"오늘날과 같은 시대에 십대로 살아간다는 게 어떤 것인지 알 수 있게 도와주세요."

"부유한 환경에서 태어나고 자라는 게 어떤 것인지 알 수 있게 도와주세요."

"이민자로서 겪는 힘든 점들을 알 수 있게 도와주세요."

"남성 직원이 대부분인 회사에서 여직원으로 일한다는 게 어떤 것인지 알 수 있게 도와주세요."

이렇게 말한 뒤 등을 뒤로 기대고 상대방의 말에 귀를 기울이라. 경청은 상처받은 마음에 향유와도 같다(내 친구 하나는 "나는 종종 경청하는 것처럼 보이지만 실은 이미 지나간 말을 되새기고 있을 때가 더러 있다네."라고 시인했다).

"여러분은 한마음으로 서로 동정하고 형제처럼 사랑하고 불쌍히 여기며 겸손하십시오"(벧전 3:8, 현대인의성경).

에이브러햄 링컨은 이러한 받아들임의 본을 보였다. 남북전쟁 당시 그의 아내가 남부 사람들을 비난하자 그는 "메리, 그들을 비난하지 말아요. 우리도 그들과 같은 상황이라면 그렇게 했을 거요."라고 말했다.[4]

우리는 세상을 구원하도록 부름받지 않았다. '인류의 구원자' 역할은 당신이나 나의 직무기술서에 나와 있지 않다. 격려하고, 잘못을 바로잡아 주고, 박수치고, 권면하는 것이라면 얼마든지 가능하다. 그러나 세상을 구원하는 것은 불가능한 일이다. 메시아는 오직 한 분이고, 보좌도 하나뿐이다. 메시아는 당신이 아니고, 보좌도 당신의 것이 아니다.

구세주의 역할을 내려놓으라. 그러지 않으면 평생 비참할 것이다. 세상의 무게가 당신을 짓누를 것이다. 레위의 집에서 열린 파티를 생각해 보라. 즐거운 시간을 보내지 못한 사람은 누구인가? 엄숙한 얼굴의 바리새인들이다.

행복은 사람들의 잘못을 지적하는 것이 아니라 그들을 받아들이고 하나님께 인도할 때 생겨난다. 예수님께서 그렇게 하셨다. 안 그러셨다면 어떻게 그들을 견디셨겠는가? 인간의 위선과 연약함을 그분보다 더 잘 아는 분이 없는데 말이다. 그리스도는 사람들에게 무엇이 필요한지 정확하게 아셨지만, 그들에게 성장할 시간과 공간을 주셨다. 우리도 그렇게 하는 것이 현명하지 않을까?

소리 지르고 싶은 충동에 저항하라. 초등학교 때 나는 운동장에서 소리를 지르곤 했다. 1학년 남자아이 전원이 모여서 남자의 우월성을 표현하곤 했다. 우리는 날마다 쉬는 시간에 서로 팔짱을 끼고 운동장을 행진하며 소리쳤다. "남자가 여자보다 낫다! 남자가 여자보다 낫다!" 솔직히 나는 그 말에 동의하지 않았지만, 그래도 남자아이들 간의 연대감을 즐겼다.

그러자 여자아이들도 한데 뭉쳤다. 그들은 교내를 돌며 남자아이들에 대한 경멸을 표현했다. "여자가 남자보다 낫다!" 참 즐거운 시절이었다.

레위를 향해 소리를 지르고 나면 기분이 좋아진다. 하지만 그런다고 무슨 좋은 일이 생기는가?

요즘은 모두가 모두를 향해 소리를 지르는 듯하다. 라디오나 TV에서 소리를 지르고, 범퍼 스티커를 통해 소리를 지르고, 뉴스에서 소리를 지르고, 소셜미디어에서 소리를 지른다. 사방에서 소리를 지른다. "우리는 당신들보다 낫다. 우리는 당신들보다 똑똑하다. 우리는 당신들보다 거룩하다."

소리 지르며 화내는 일 없이 의견을 개진하는 게 가능할까?

사도 바울은 언쟁을 일삼는 자들에 대해 비판적이었다. "(그들은) 교만하여 아무것도 알지 못하고 변론과 논쟁을 좋아합니다. 그런 데서 시기와 다툼과 모독하는 말과 좋지 못한 의심이 생깁니다"(딤전 6:4, 현대인의성경). "믿음이 약한 사람을 따뜻이 맞아 주고 그의 의견을 함부로 비판하지 마십시오"(롬 14:1, 현대인의성경).

의견을 제시하는 것과 언쟁을 하는 것은 다르다. 목소리가 높아지고 열이 오르는 게 느껴지면 입을 다물라. 입을 다물고 친구로 지내는 편이 입을 열고 친구를 잃는 것보다 낫다. 더욱이 그들은 당신의 종이 아니라 하나님의 종이다. "누가 감히 남의 종을 판단할 수 있겠습니까? 그가 서든 넘어지든 그의 주인이 알아서 할 일입니다. 하나님이 그를 세우실 수 있기 때문에 그는 서게 될 것입니다"(롬 14:4, 현대인의 성경).

함께 의논하고, 함께 일하자. 그리고 토론이 실패로 끝나면 사랑이 성공하게 하자. "무엇보다도 뜨겁게 서로 사랑할지니 사랑은 허다한 죄를 덮느니라"(벧전 4:8). 사랑이 허다한 죄를 덮는다면 허다한 의견도 덮을 수 있지 않을까? 우리는 여러 의견의 불협화음 속에서 고요하고 평화로운 간주를 들을 필요가 있다.

2003년 가을, 브라이언 리드(Brian Reed)는 이라크 바그다드에 주둔해 있는 미군 부대에서 복무했다. 그와 그의 부대원들은 주둔지의 치안 유지를 위해 정기적으로 순찰을 돌았다. 그것은 마을 주민 누구도 고

마워하지 않는 보람 없는 임무였다. 주민들은 불심 검문 받는 것을 좋아하지 않았다. 그래서 브라이언은 부대원들이 매일 사기 저하와 싸워야 했다고 말했다.

그러던 어느 날 예외적인 일이 교회 예배의 형태로 찾아왔다. 순찰을 돌던 병사들이 예수님의 탄생을 묘사한 철제 조각 작품을 보고 흥미를 느껴 군용 차량에서 내렸다. 조각 작품 속의 세 동방박사는 그곳이 교회임을 알려 주었다.

브라이언과 그의 부하들은 완전 무장을 한 채 교회 안으로 들어갔다. 교회 안에는 찬송가를 부르는 콥트(동방 정교회의 한 교파) 그리스도인들로 가득했다. 그들은 파워포인트 슬라이드로 영상을 띄우며 찬양팀과 함께 노래를 부르는 중이었다. 미국인들은 한 마디도 알아듣지 못했지만, 스크린 속의 인물이 예수님이라는 것은 알아볼 수 있었다. 언어는 달랐지만 교제와 기도, 말씀과 성찬으로 이어지는 의식은 크게 다르지 않았다.

미군 병사들을 본 콥트 그리스도인들은 그들을 성찬식에 초대했다. 병사들은 군모를 벗고 성찬을 받았다. 그리고 이라크인들과 함께 예배당을 나와서 안뜰을 지나 커다란 나무 십자가가 있는 곳까지 행진했다.

그들은 미소 짓고, 웃음을 터뜨리고, 악수하고, 다시 기도했다. 그것은 중동에서 맞이한 평화였다.

그날에 대해 브라이언은 이렇게 썼다. "예수님이 거기에 계셨다. 우리의 공군 형제들이 지표면을 날려 버릴 수도 있는 바로 그곳에 예수님께서 모습을 드러내셨다. 그날 저녁 하나님께서 내게 말씀하셨다. … 성찬식을 하고 예수님의 대속의 은혜를 기억하는 것은 우리가 경험할 수 있는 가장 중요한 화해의 가교였다."[5]

서로 '반대되는 사람들'이 그리스도의 십자가로 하나가 되었다.

마크 러틀런드(Mark Rutland)는 그의 저서 『자비의 물결』(Streams of Mercy)에서 미국인들이 가장 듣고 싶어 하는 말에 관한 설문조사를 언급한다. 그는 첫 번째로 꼽힌 응답은 짐작했지만 두 번째와 세 번째로 꼽힌 답은 상상도 하지 못한 것이었다고 말한다.

첫 번째로 꼽힌 답은 "사랑합니다."였다. 두 번째로 꼽힌 답은 "용서합니다."였다. 정말 놀라운 것은 세 번째로 꼽힌 답이다. 그것은 바로 "저녁 식사 준비가 다 되었습니다."였다.[6]

이 세 가지는 예수님의 메시지를 요약한다. 예수님은 사랑과 은혜와 저녁 식사 초대와 함께 이 땅에 오셨다. 마태와 그의 친구들에게 그 저녁 식사는 고대 이스라엘에서 이루어졌다. 당신과 나, 그리고 세상의 모든 레위들에게는 어떤 저녁 식사가 기다리고 있을까? 천국에서의 잔치는 우리가 꿈꾸는 것 이상일 것이다. 그곳에서 우리는 식탁에서 마주하게 된 누군가를 보고 깜짝 놀랄 것이다.

● 행복이 더해지는 묵상과 나눔

1. 당신이 받아들여지지 않는다고 느낀 적이 있는가? 그때의 상황을 이야기해 보라.

   – 당신은 그 상황을 어떻게 해결했는가?
   – 상황을 해결하는 데 도움이 되었던 것은 무엇인가?
   – 다른 누군가가 받아들여지지 않는 상황을 본 적이 있는가?
   – 그러한 경험이 당신이 다른 사람들을 대하는 방식에 어떤 영향을 미쳤는가?

2. 누가복음 5장 1-11절에서 예수님은 갈릴리의 어부인 베드로와 야고보와 요한을 제자로 부르셨다. 그리고 몇 구절 뒤인 누가복음 5장 27-28절에서 레위(마태로도 알려져 있다)를 제자로 부르셨다.

   – 레위는 베드로와 야고보, 요한 등과 어떻게 다른가?
   – 이것이 예수님과 그분이 제자로 삼고 싶어 하셨던 사람들에 대해 무엇을 말해 주는가?

3. 누가복음 5장 29-31절에서 레위는 예수님을 위해 잔치를 열고 친구들을 초대한다.

   – 잔치에 온 사람들은 어떤 사람들인가?
   – 바리새인들은 이 잔치와 잔치에 참석한 사람들에 대해 어떻게 생각했는가?
   – 그러한 바리새인들에게 예수님은 뭐라고 대답하셨는가?

4. 누가복음 5장 29-31절을 세 번 더 읽으라. 한 번 읽을 때마다 그 이야기 속의 각기 다른 인물(레위, 세리와 죄인, 바리새인)의 입장에서 생각해 보라.

   – 당신이 예수님을 위해 잔치를 여는 레위라면 어떨 것 같은가? 레위에게 공감되는 부분이 있는가? 그것이 무엇인가?
   – 당신이 예수님과 함께 식사를 하는 세리나 죄인이라면 어떨 것 같은가? 그들에게 공감되는 부분이 있는가? 그것이 무엇인가?
   – 당신이 이 장면을 지켜보는 바리새인이라면 어떨 것 같은가? 바리새인들의 반응과

그들의 행동에 공감이 되는가? 어떻게 공감이 되는가?

5. 저자는 "당신의 레위는 '당신과 반대되는 사람'"이라고 말한다. 당신의 삶 속에 있는 레위를 찾아보라.

   – 무엇이 그 사람을 '당신과 반대되는 사람'으로 만드는가?
   – 그 사람과 상호작용한다는 것은 어떤 의미인가?

6. 로마서 15장 7절에서 바울은 "그러므로 그리스도께서 우리를 받아 하나님께 영광을 돌리심과 같이 너희도 서로 받으라"고 말한다. 우리는 왜 서로를 받아들여야 할까?

7. 로마서 15장 7절에서 "받으라"로 번역된 헬라어는 '프로슬람바노'로, 이는 "상대방을 마음으로 받아들이고 그와의 교제를 즐거워하는 것을 의미한다."

   – 이러한 정의가 그리스도인들이 서로를 어떻게 받아들여야 하는지에 대해 무엇을 말해 주는가?
   – 당신은 당신의 레위를 이런 방식으로 받아들였는가? 그렇게 한 이유는 무엇인가?

8. 행동 방식이나 신념이 근본적으로 다른 사람들끼리는 서로를 받아들이기 어려울 수 있다.

   – 당신은 그리스도인 된 우리가 이유 여하를 막론하고 모든 사람을 받아들이도록 부름 받았다고 생각하는가? 그 이유는 무엇인가?
   – 누군가를 받아들이는 것과 그 사람의 행동을 지지하는 것은 어떻게 다른가?

9. 요한복음 14장 3절에서 예수님은 제자들에게 말씀하셨다. "가서 너희를 위하여 거처를 예비하면 내가 다시 와서 너희를 내게로 영접하여 나 있는 곳에 너희도 있게 하리라." 여기서 예수님이 사용하신 '영접하다' 동사는 로마서 15장 7절에서 바울이 사용한 '프로슬람바노'와 같은 말이다. 이는 예수님께서 우리를 받아들이시는 방식에 대해 무엇을 말해 주는가?

10. 저자는 예수님이 은혜뿐 아니라 진리로 충만하시다고 말한다(요 1:14).

    - 당신에게 "은혜"와 "진리"는 무엇을 의미하는가?
    - 예수님께서 간음하다 잡혀 온 여인의 문제를 다루실 때 어떻게 은혜와 진리를 보여 주셨는가?(요 8:2-11 참조)
    - 은혜와 진리의 균형을 이루는 것은 쉽지 않다. 다른 사람들을 받아들일 때 당신은 은혜 쪽으로 더 기우는가, 아니면 진리 쪽으로 더 기우는가? 그 이유는 무엇인가?

11. 로마서 15장 7절을 다시 읽으라.

    - 우리가 서로를 받아들임으로써 하나님께 무엇을 하게 되는가?
    - 우리가 서로를 받아들일 때 하나님께서 어떻게 영광을 받으시는가?
    - 당신이 다른 사람들을 받아들이려 할 때 이것이 어떻게 동기를 부여하는가?

12. 당신이 누가복음 5장 29-31절을 읽을 때 그랬던 것처럼, 공감하는 연습을 하면 당신과 다른 사람을 받아들이는 데 도움이 된다. 저자는 인생의 많은 부분을 인종 간 화해에 바친 아프리카계 미국인 목사 롤리 워싱턴을 인용하며, 화해의 가교를 놓는 데 있어서 가장 중요한 말은 "당신과 같은 상황에 처한다는 게 어떤 것인지 알 수 있게 도와주세요."라고 말한다.

    - '당신의 레위'와 같은 상황에 처하는 게 어떤 것인지 생각해 본 적 있는가?
    - '당신의 레위'에게 그와 같은 상황에 처하는 게 어떤 것인지 말해 달라고 할 수 있는가?
    - '당신의 레위'를 이해하는 것이 당신이 그를 받아들이는 데 어떻게 도움이 되는가?

9
소리 내어 말하라

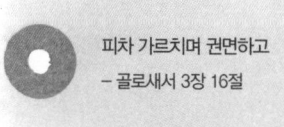
피차 가르치며 권면하고
- 골로새서 3장 16절

　당신의 직장 동료가 다음과 같은 음성 메시지를 남긴다. "방금 아버지께서 돌아가셨어요. 지금 병원에 가는 중이에요. 어찌할 바를 모르겠어요."
　당신의 이웃이 그녀의 집 앞에 있는 이삿짐센터 차량에 대해 설명한다. "남편이 이사를 나가요. 그는 우리 관계가 끝났다고 하는군요."
　당신의 동생이 전화를 걸어, 십대 아들이 또다시 소년원에 들어갔다는 소식을 전한다.
　당신의 휴대폰이 울리며 다음과 같은 문자 메시지가 뜬다. '병원에서 전화가 왔는데 암이 재발했대요. 저 좀 만나 주실 수 있어요?'

매 순간 당신은 누군가의 아픔에 초대된다. 당신이 원하지 않을 때도 말이다. 당신에게는 죽음이나 이혼, 질병에 대해 이야기할 계획이 없었다. 하지만 때로는 선택의 여지가 없다.

나 역시 마찬가지였다. 그 여인은 나를 보며 말했다. "나는 점점 늙고 병들어 가요. 하나님이 저에게서 등을 돌리신 것 같아요."

그녀와 나는 장례 차량에 타고 있었다. 그녀는 고인의 친척이었고, 나는 고인의 친구였다. 우리 둘 다 장례식에 참석한 뒤 장지로 가는 중이었다.

장지로 가는 길은 우리의 유한성을 상기시켜 준다. 그녀가 불쑥 자신의 슬픔을 털어놓은 것도 그 때문일 것이다. "80대가 되면서 몸이 많이 쇠약해졌어요. 계속 기도하지만 나아질 것 같지 않아요."

그런 다음 그녀는 차창 너머로 겨울 하늘을 바라보며 같은 결론을 반복했다. "하나님이 저에게서 등을 돌리신 것 같아요."

그것은 즐거운 대화가 아니었고, 그녀는 행복하지 않았다. 당신 같으면 하나님이 등을 돌리신 것 같다고 말하는 사람에게 무슨 말을 하겠는가? 그 말에 동의하겠는가? 반대하겠는가? 말을 아끼겠는가? 열변을 토하겠는가?

신약성경에 나오는 나사로의 이야기는 예수님이 뭐라고 말씀하시는지 보여 준다. 그 이야기는 "어떤 병자가 있으니 이는 … 베다니에 사는 나사로라"(요 11:1)라는 말로 시작한다.

사람은 누구나 저마다의 특징이 있다. 마르다에게는 보스 기질이 있었다. 유다는 탐욕스러웠다. 마태에게는 소란스러운 친구들이 있었다. 그리고 나사로는… 그는 병들었다.

불행한 일이기는 하지만 그리 특별할 것은 없다. 모든 사람은 병들기 마련이니까. 나사로의 상황은 한 가지만 빼고 평범했다. 그 한 가지는 바로 그에게 예수님이라는 친구가 있다는 것이다. 나사로는 예수님이 "사랑하시는 자"로 묘사되어 있다(3절).

이는 성경에서 좀처럼 보기 드문 표현이다. 성경은 사람들을 예수님의 제자, 가족, 적대자, 비판자 등으로 묘사하곤 한다. 그런데 친구라니? 그것도 "사랑하시는" 친구라니!

나사로는 진심으로 예수님을 좋아했던 것 같다. 그는 예수님이 들려주시는 이야기나 농담을 좋아했다. 다른 사람들은 예수님과 함께 있는 모습을 주변 사람들에게 보이고 싶어 하거나 예수님께 가르침을 받고 싶어 했지만 나사로는 달랐다. 그는 그냥 예수님을 좋아했다.

예수님도 나사로를 사랑하셨다. 예수님이 부산스러운 점심 식사 자리에서 나사로를 손짓하여 부르시며 "이번 주에 같이 지내는 게 어떻겠느냐?"라고 물으시는 광경을 상상해 보라. 절로 흐뭇한 미소가 떠오르지 않는가?

친구는 함께 시간을 보낸다. 그들은 삶을 공유한다. 예수님과 나사로도 함께 시간을 보내고 삶을 공유했다.

그런데 그런 친구가 병에 걸렸다. 그것도 중병에 말이다. 병세가 위중하여 그의 누이들이 예수님께 기별을 해야 할 정도였다. "예수께 사람을 보내어 이르되 '주여, 보시옵소서. 사랑하시는 자가 병들었나이다'"(요 11:3).

그들은 예수님이 서둘러 오시리라 예상했다. 그들은 무리 속의 이름 모를 사람들이 아니었기 때문이다. 베다니에 있는 그들의 집은 사실상 예수님의 집이나 마찬가지였다. 찬장에는 예수님이 좋아하시는 차가 있었고, 그들은 예수님이 어떤 음식을 좋아하시는지도 알고 있었다. 그들에게는 예수님이 하시던 일을 멈추고 서둘러 오시리라고 생각할 오만 가지 이유가 있었다.

나사로도 누이들과 같은 생각이었다. 그는 절망적인 상태였다. 음식을 넘기지도 못하고, 일어서지도 못했다. 온몸의 뼈마디가 쑤시고, 머리가 아팠다. 하지만 그에게는 예수님이 오고 계신다는 확신이 있었다. 그는 이제 곧 예수님이 도착하실 거라고 생각했다. 예수님이 잰걸음으로 들어오시면 마리아가 예수님을 맞이할 것이다. "어서 오세요, 예수님!" 그러면 예수님이 걱정스러운 목소리로 물으실 것이다. "나사로는 어디 있느냐? 내 친구는 어디 있어?"

그런 생각과 함께 나사로는 낮이 밤으로 이어지고 밤이 다시 낮으로 이어지는 가운데 열에 들뜬 상태로 마리아와 마르다에게 물었다. "예수님이 오시는 것 같은 기척이 있니? 여기 도착하셨어? 무슨 전갈이라도 받았어?"

그러나 대답은 늘 부정적이었다. 예수님에게서는 아무 전갈도 없었고, 오시는 기척도 없었다. 예수님이 사랑하시는 병든 친구 나사로는 예수님에게서 아무런 소식도 듣지 못했다. 생애의 마지막 시간을 예수님이 어디 계시는지 물으며 보냈다. '예수님이 내게 마음을 쓰시기는 하는 걸까?' 나사로는 의아했다. '예수님이 우리에게 마음을 쓰시기는 하는 걸까?' 나사로의 누이들도 생각했다.

"예수께서 와서 보시니 나사로가 무덤에 있은 지 이미 나흘이라"(17절).

예수님은 나사로의 임종을 지키지 못하셨을 뿐 아니라 장례식에도 참석하지 못하셨다. 심지어 나흘이나 늦으셨다.

마르다는 원망하는 마음을 쏟아 냈다. "주께서 여기 계셨더라면 내 오라버니가 죽지 아니하였겠나이다"(21절) 그런 다음 마음을 진정시키고 다시 말을 이었다. "그러나 나는 이제라도 주께서 무엇이든지 하나님께 구하시는 것을 하나님이 주실 줄을 아나이다"(22절).

마르다는 정신이 산란했고, 몹시 상심해 있었다. 마르다와 예수님의 관계는 당신의 상심한 친구와 당신의 관계와도 같다. 친구가 고통 중에 있을 때 우리는 어떻게 반응할 수 있을까? 이웃이 절망 가운데 있을 때에는 무엇을 해야 할까? 장례 차량에 탄 여인이 하나님께서 그녀를 잊으신 것 같다고 말할 때에는 무슨 말을 해야 할까? 그럴 때 우리는 어떻게 해야 할까?

예수님은 마르다의 얼굴을 들여다보시며 엄숙하게 말씀하셨다. "나는 부활이요 생명이니… 이것을 네가 믿느냐?"(요 11:25-26)

이러한 반응을 성경에서는 '권면'이라고 한다. 바울은 우리에게 "서로 권면"하라고 말한다(롬 15:14, 새번역성경).

9. 소리 내어 말하라 / 155

권면(admonishment)은 강력한 권고다. 이 말의 문자적인 의미는 "마음에 두는 것"이다.[1] 권면은 상대방의 마음속에 진리를 두는 것이다. 이것은 훈계나 권고, 확언의 형태를 띤다. 혹은 칭찬을 하거나 잘못을 바로잡아 주는 것일 수도 있다. 권면은 고난이라는 녹조에 염소 정제를 투여하는 것이다. 권면은 침묵하지 않고 목소리를 낸다.

그렇다. 우리는 고통받는 사람의 손을 잡아 준다. 목마른 사람에게 물을 건넨다. 배고픈 사람을 위해 음식을 준비한다. 그리고 절망의 순간에 진리의 말을 들려준다.

사탄이 거짓말을 퍼뜨릴 때 우리가 가만히 앉아 있을 수 있겠는가? 결코 그럴 수 없다! 하나님의 말씀의 검을 빼 들고 악에 맞서 그 번뜩이는 칼날을 휘두르라. "끝으로 너희가 주 안에서와 그 힘의 능력으로 강건하여지고 … 하나님의 전신 갑주를 입으라. … 구원의 투구와 성령의 검 곧 하나님의 말씀을 가지라"(엡 6:10-11, 17).

고통이나 의심, 악에 맞서 성경을 읽거나 인용할 때 당신은 성령의 검을 휘두르는 셈이다. 그것은 마치 성령의 검이 사탄의 포승줄을 끊고 포로들을 해방시키는 것과 같다. "하나님의 말씀은 살아 있고 활력이 있어 좌우에 날선 어떤 검보다도 예리하여 혼과 영과 및 관절과 골수를 찔러 쪼개기까지 하며 또 마음의 생각과 뜻을 판단하나니 지으신 것이 하나도 그 앞에 나타나지 않음이 없고 우리의 결산을 받으실 이의 눈앞에 만물이 벌거벗은 것같이 드러나느니라"(히 4:12-13).

성경에 근거한 권면은 소염제와도 같다. 우리는 그것이 어떻게 상처를 치유하는지 모르지만, 분명 상처를 치유한다.

권면이라는 소염제를 바른 뒤 어떻게 되는지 지켜보라. 그리고 다음과 같이 말하는 연습을 하라.

"제가 도움이 될 만한 성경구절을 압니다."

"제 마음에 와닿는 성경구절이 있는데…."

"성경의 한 대목을 읽어 드릴까요?"

내가 즐겨 인용하는 성경구절에는 다음과 같은 것들이 있다.

만일 하나님이 우리를 위하시면 누가 우리를 대적하리요(롬 8:31).

너희 안에서 착한 일을 시작하신 이가 그리스도 예수의 날까지 이루실 줄을 우리는 확신하노라(빌 1:6).

내가 결코 너희를 버리지 아니하고 너희를 떠나지 아니하리라(히 13:5).

지난 주일에는 예배를 마친 후 조슈아(여호수아)라는 이름의 열 살 소년을 만났다. 소년의 어머니는 조슈아의 아버지가 돌아가셨다고 말했다. 소년이 눈물 고인 눈으로 나를 바라보았다. 나는 자세를 낮춰 소년과 눈높이를 맞추고 말했다. "너와 같은 이름을 가진 사람의 이야기를 아니?" 소년이 고개를 끄덕였다. "그 사람처럼 해 보렴." 내가 권면했다. "여리고 성벽을 무너뜨리고 크나큰 믿음의 기도를 드리는 거야." 소년은 어떻게 대답해야 할지 몰랐다. 하지만 소년의 어머니는 눈물을 훔쳤다.

고통받는 사람들에게는 우리의 의견이 필요치 않다. 고통에 대한 우리의 철학도 필요치 않다. 날씨나 정치에 관한 이야기로 주의를 돌리려는 사람도 필요치 않다. 그들에게는 진리로 권면할 누군가가 필요하다.

내 아내 데날린에게는 권면의 은사가 있다. 며칠 전 나는 데날린이 직장 동료의 비난으로 힘들어하는 친구와 문자를 주고받는 것을 보았다. 데날린은 다음과 같이 진리를 말함으로써 그녀를 격려했다.

예수님은 산을 옮기실 수 있는 분이니 당신을 위해 일하실 수 있고, 또 그렇게 하실 겁니다! 예수님은 당신을 사랑하십니다. 그분의 사랑과 능력을 받으십시오. 왕 중의 왕이자 교사 중의 교사인 그분을 의심하지 마십시오. 예수님을 믿고, 그리스도 예수 안에서 이미 당신의 것인 부활의 능력 안으로 한 걸음 내디디십시오. 예수님은 그분이 말씀하신 대로 존재하시는 분입니다. 그분을 믿으십시오! 주님은 우리가 그분께 나아가 그분 안에서 안식과 소망을 찾게 하시려고 우리의 연약함을 드러내십니다. 주님은 당신이 끔찍한 시나리오를 상상하지 말고 그분께 나아오기를 원하십니다. 지금까지도 그분이 당신을 인도해 오시지 않았습니까? 온 세상을 창조하신 분이 당신의 편입니다. 주님은 당신을 대적하지 않으시고 당신을 위하십니다. 주님을 신뢰하십시오! 그분을 경배하십시오! 당신이 찬양과 기도의 자리에 있을 때 주님은 매복하여 당신의 적을 기다리실 것입니다.

이런 문자를 받으면 기운이 나지 않겠는가?

희망의 말을 전파하고 믿음의 기도를 드리라. "믿음의 기도는 병든 자를 구원하리니 주께서 그를 일으키시리라"(약 5:15).

권면의 기도는 믿음으로 충만한 기도다. 믿음으로 드리는 기도는 하나님을 하나님이시게 하고, 혼란스러운 시기에 그분이 주인이 되시게 한다.

데니스 맥도널드는 이러한 권면의 본을 보인다. 그는 여러 해 동안 병원의 원목으로 섬겼다. 나는 그가 환자를 방문할 때 동행한 적이 몇 번 있다. 그때마다 병자를 돌보는 그의 다른 모습에 놀라곤 했다. 나와 함께 병원 복도를 걸어가며 날씨나 골프 이야기를 하다가도 병실에 들어서면 그는 자신의 본분으로 돌아간다. 곧장 침대 옆으로 다가가 환자와 얼굴이 맞닿을 정도로 상체를 기울이고 이렇게 말하곤 했다. "저는 데니스입니다. 당신을 위해 기도하고 기운을 북돋아 드리려고 왔어요. 하나님은 당신이 앓는 병보다 크십니다. 그분은 당신을 치유하실 수 있습니다. 그리고 당신이 지금의 시련을 이겨 낼 수 있도록 도우십니다."

그런 다음 그는 환자에게 기름을 바르고 기도했다. "주님, 이 사람은 주님이 사랑하시고, 또 우리가 사랑하는 주님의 자녀입니다. 이 방에서 치유가 일어나게 해 주소서. 사탄아, 물러가라. 너는 거짓말쟁이이고 네 말은 헛되다. 이 하나님의 자녀는 하나님께서 사신 바 되었느니라. 예수님의 이름으로 기도드립니다, 아멘."

이것이 교회가 할 일이다. 고통받는 제자들을 받아들여 그들을 다시 신앙의 길로 인도하는 것이다.

몇 년 전 나는 교회에서 예배를 드리던 중에 이러한 섬김을 보았다. 그때 우리는 요한계시록 19장 7절의 약속을 공부하던 중이었다.

> 우리가 즐거워하고 크게 기뻐하며 그에게 영광을 돌리세. 어린 양의 혼인 기약이 이르렀고 그의 아내가 자신을 준비하였으므로(계 19:7).

그리스도의 신부에 관한 설교를 준비하면서 나는 '메시지의 마무리로 신부가 걸어 들어오는 모습을 보여 주는 것보다 더 좋은 방법이 있을까?' 하는 생각을 했다. 그래서 사람들 모르게 신부 역할을 할 자원자를 뽑아 웨딩드레스를 입히고 면사포를 씌웠다. 적당한 때에 내가 신호를 보내자 음악이 흐르고 사람들이 자리에서 일어났다. 조명이 어두워지고 신부가 걸어 들어왔다.

그런데 들어오다가 그만 뒷좌석에 부딪히고 말았다. 내가 왜 그런 일을 예상하지 못했는지 모르겠다. 그녀는 면사포에 가려 앞을 볼 수가 없었다. 옷매무새를 가다듬고 다시 한 걸음 내디뎠지만 또 다른 좌석에 부딪혔다. 그녀는 좀처럼 똑바로 걸을 수가 없었다. 그녀가 비틀거리자 몇몇 사람이 그녀를 부축하여 설교단까지 데려다주었다.

나는 사람들에게 신부의 아름다움을 보여 주고 싶었지만, 결국 권면의 필요성을 깨달았을 뿐이다. 우리도 비틀거린다. 우리도 길을 찾으려고 애쓴다. 우리도 똑바로 걸을 수 있도록 도와줄 누군가가 필요하다.

그날의 설교는 신부와 킥킥대며 그녀를 부축해 온 대여섯 사람이 설교단에 서는 것으로 끝났다.

어쩌면 우리 모두를 기다리고 있는 장면도 이와 같지 않을까? 마지막날 그리스도 앞에 섰을 때 우리는 적절한 권면으로 우리를 도와준 사람들에게 감사할 것이다.

당신도 이렇게 할 수 있다. 움츠러들지 말라. 당신은 그리스도의 사신이다. 사신이 침묵할 수 있는가? 당신은 하나님의 자녀다. 자녀가 아버지를 옹호하지 않겠는가? 당신은 그리스도와 공동상속자다. 상속자로서 축복을 받을 수 있는데도 침묵할 것인가?

그럴 수 없다. 그래서 나도 침묵하지 않았다.

이 장 서두에 말한, 슬픔에 잠긴 여인을 기억하는가? 그녀는 "나는 점점 늙고 병들어 가요. 하나님이 저에게서 등을 돌리신 것 같아요."라고 말했다. 나는 그 말을 못 들은 체하고 싶었다. 그녀는 내가 모르는 사람이었고, 그녀도 나에 대해 잘 알지 못했다. 게다가 장례 차량 안에는 다른 사람들도 있었다. 그러나 무언가가 내 마음을 움직였다. 그래서 그녀를 바라보며 이렇게 말했다.

"그렇게 말씀하지 마세요. 하나님은 자매님을 외면하지 않으십니다. 하나님은 자매님의 아버지이시고, 자매님을 사랑하십니다. 그분은 자매님의 목자이시며, 자매님을 인도하십니다. 자매님의 수명은 하나님이 정하셨습니다. 자매님은 살아갈 날의 수를 늘릴 수 없지만,

질에는 영향을 미칠 수 있습니다. 당신은 하나님의 손안에 있습니다."

그녀의 남편이 목소리를 높였다. "저도 그렇게 말했답니다."

여인의 눈에 눈물이 고였다. "정말 그럴까요?"

"그럼요."

잠시 동안 아무도 말하지 않았다. 장례 차량은 묘지 안으로 들어가 연석 앞에 멈춰 섰다. 그녀가 차에서 내리며 말했다. "하나님을 신뢰하기로 했어요."

그녀가 그렇게 했기를, 그리고 우리도 그렇게 하기를 기도한다.

예수님은 마르다에게 권면하신 후 누구도 상상할 수 없는 일을 하셨다. 무덤에 가서 친구를 위해 우시고, 죽은 나사로에게 나오라고 외치신 것이다. 그러자 나사로가 무덤에서 걸어 나왔다! 단 한 순간이라도 나사로가 그날의 유일한 기적이었다고 생각하지 말기 바란다. 예수님은 나사로를 죽음에서 건져 내셨고, 또한 마르다를 절망에서 건져 내셨다. 두 번 다 말씀의 능력으로 하신 일이다!

● 행복이 더해지는 묵상과 나눔

1. "누군가의 아픔에 초대될 때" 당신은 어떻게 반응하는가?

    – 그 사람에게 위로의 말을 건네는가? 그의 말을 들어 주는가? 그를 위해 봉사하는가?
    – 당신이 그렇게 반응하는 이유는 무엇인가?
    – 고통 중에 있을 때 당신은 사람들이 어떻게 해 주기를 바라는가?

2. 누군가 당신에게 고통스러운 상황을 털어놓으면서 하나님이 자신의 고통을 덜어 주실 것 같지 않다고 말한 적이 있는가? 그때 당신은 어떻게 반응했는가?

    – 누군가에게 당신의 고통스러운 상황을 이야기하면서 하나님이 도와주실 것 같지 않다고 말한 적이 있는가?
    – 그때 상대방은 어떻게 반응했는가?
    – 그것이 당신에게 도움이 되었는가? 그 이유는 무엇인가?

3. 예수님께서 나사로가 죽은 지 나흘 만에 도착하시자 마르다는 "주께서 여기 계셨더라면 내 오라버니가 죽지 아니하였겠나이다."라고 말했다(요 11:21). 요한복음 11장 25–26절에서 예수님은 마르다에게 어떻게 대답하셨는가?

4. "권면하다"로 번역된 헬라어는 '뉴테테오'(noutheteo)로,[2] '강력하게 권한다'는 뜻이다. 강력하게 권하는 것은 소명 의식을 가지고 권하는 것이다. 다음의 성경구절들에 대해 생각해 보라. 진하게 표시된 단어는 모두 '뉴테테오'를 번역한 것이다.

    "우리가 그를 전파하여 각 사람을 **권하고** 모든 지혜로 각 사람을 가르침은 각 사람을 그리스도 안에서 완전한 자로 세우려 함이니"(골 1:28).
    "그리스도의 말씀이 너희 속에 풍성히 거하여 모든 지혜로 피차 가르치며 **권면하고** 시와 찬송과 신령한 노래를 부르며 감사하는 마음으로 하나님을 찬양하고"(골 3:16).

"내가 너희를 부끄럽게 하려고 이것을 쓰는 것이 아니라. 오직 너희를 내 사랑하는 자녀같이 **권하려** 하는 것이라. 그리스도 안에서 일만 스승이 있으되 아버지는 많지 아니하니 그리스도 예수 안에서 내가 복음으로써 너희를 낳았음이라. 그러므로 내가 너희에게 권하노니 너희는 나를 본받는 자가 되라"(고전 4:14-16).

- 이 성경구절들은 권면의 목적에 대해 어떠한 통찰을 제공하는가?
- 권면하는 것과 단순히 권하는 것은 어떻게 다른가?
- 당신은 누군가에게 권면을 받은 적이 있는가?
- 그 사람이 뭐라고 했는가? 그것에 대해 당신은 어떻게 느꼈는가?

5. 나사로가 죽은 뒤 예수님은 마리아와 마르다를 방문하시기 전에 제자들에게 뭐라고 말씀하셨는가?(요 11:4 참조)

- 예수님은 나사로의 죽음 이면에 어떤 목적이 있다고 말씀하셨는가?
- 그에 따라 예수님은 나사로를 살리시기 전에 마르다에게 어떻게 권면하셨는가?
  (요 11:25-26 참조)

6. 지난 일을 돌이켜 볼 때 예수님의 말씀처럼 "하나님의 영광"을 위한 일이었다고 여겨지는 비극을 겪은 적이 있는가?

- 그것은 어떤 일이었는가? 그 일이 어떻게 하나님을 영화롭게 했는가?
- 그러한 경험이 당신이 비극적인 상황에 직면한 사람들을 권면하는 데 어떻게 도움이 되는가?

7. 우리의 믿음이 강할 때에는 다른 사람들을 권면하기가 쉽다. 그렇다면 믿음이 약할 때에는 어떻게 다른 사람들을 권면할 수 있을까?

- 당신 자신의 믿음에 대한 확신이 없는 상태에서 다른 사람들이 믿음을 갖도록 격려한 적이 있는가? 그때 그들에게 뭐라고 말했는가?
- 히브리서 4장 12-13절은 이렇게 말한다. "하나님께서는 말씀하신 것을 반드시 지키시는 분입니다. 그분의 말씀은 이루어집니다. 그분의 능력 있는 말씀은 수술용 메스처럼 날카로워서, 의심이든 변명이든 무엇이나 갈라내고, 우리 마음을 열어서 귀 기

울여 듣고 순종하게 합니다. 하나님의 말씀이 꿰뚫지 못할 것은 아무것도 없습니다. 아무리 발버둥 쳐도 우리는 하나님의 말씀에서 달아날 수 없습니다"(메시지성경). 하나님의 말씀에서 달아날 수 있는 사람은 누구인가?

- 하나님의 말씀으로 당신 스스로를 어떻게 권면할 수 있는가?
- 저자처럼 당신에게도 자주 인용하는 성경구절이 있는가? 그것이 무엇인가? 만약 자주 인용하는 성경구절이 없다면, 당신에게 격려가 되는 성경구절 몇 가지를 적어 보라.

8. 저자는 교회가 할 일이 무엇이라고 말하는가?

- 당신이 속한 신앙 공동체의 구성원들이 당신이 믿음을 회복하도록 도운 적이 있는가? 그들이 어떻게 도왔는가?
- 신앙의 회복을 위해 도움이 필요한 사람을 알고 있는가? 그 사람은 누구인가? 이번 주에 그 사람을 어떻게 권면할 수 있을지 생각해 보라.

10
당신은 파괴되었다

서로 친절하게 하며 불쌍히 여기며 서로 용서하기를 하나님이 그리스도 안에서 너희를 용서하심과 같이 하라.
— 에베소서 4장 32절

이 글은 버스터(buster, 파괴자)에 관한 이야기다. 그의 이름은 버스터가 아니지만, 지금부터 하려는 이야기는 그다지 좋은 이야기가 아니므로 그의 이름을 그냥 '버스터'라고 부르는 편이 좋겠다. 게다가 버스터는 그에게 아주 잘 어울리는 이름이기도 하다. 그는 파괴자였다. 미식축구를 할 때는 불도저처럼 공격라인을 뚫고 들어갔으며, 야구를 할 때는 야구공을 때리고 또 때려서 홈런 담장을 넘겼다.

버스터는 갱단 두목처럼 캠퍼스를 지배했다. 그의 몸에는 늘 여기저기에 상처가 나 있었다. 그는 미식축구 선수의 우람한 팔뚝을 지녔고, 호랑이처럼 으르렁거렸다.

나와 내 친구들은 그의 활동 반경을 피해 다녔다. 그러나 어느 토요일 저녁에 나는 친구 몇 명과 함께 식료품점 주차장에 있다가 그의 눈에 띄고 말았다. 버스터는 내가 한 말이나 말투에 기분이 상한 듯했다. 맥주를 마신 데다가 친구들과 함께 있어서 더욱 대담해진 그는 나를 붙잡아 차 안에 밀어 넣고 안면을 강타하기 시작했다. 그가 내게 달려든 것은 마치 곰이 다람쥐에게 달려든 격이었다. 그는 몇몇 아이들이 그의 발목을 붙잡아 끌어낼 때까지 내 얼굴을 때렸다. 나는 눈에 멍이 들고 자존심을 다친 채 차에서 내려 달아났다.

주말에 나는 그의 행동에 대해 생각해 보았다. 내가 무엇을 잘못했지? 그와 맞서 싸워야 했을까? 그를 찾아 나서야 할까? 그는 나를 찾고 있었을까?

월요일에 그를 만나면 무슨 말을 할지 생각해 두었다. 그것은 용기가 필요한 일이었지만, 나는 쉬는 시간에 복도에서 그를 불러 세울 만큼의 용기를 짜낼 수 있었다.

"토요일 저녁에 왜 내게 덤벼들었어?"

그는 일그러진 미소를 지어 보이며 이죽거렸다. "음, 기억이 잘 안 나네. 그때 술에 취해 있었거든." 그러고는 멀어져 갔다. 그 말은 그의 주먹보다 더 아팠다. 나는 그냥 가장 가까운 곳에 있는 샌드백이었을 뿐 그의 적수가 되지 못했던 것이다.

그 후 수십 년간 버스터를 보지 못했다. 그러나 거의 매주 그와 비슷한 사람들을 본다.

어느 젊은 여성이 내게 폭력적인 남편에 대해 이야기했을 때 나는 버스터를 떠올렸다. 학교에서 괴롭힘당하는 고등학생에 관한 기사를 읽었을 때에도 버스터가 생각났다. 어느 대기업이 중소기업을 사들여 구조조정을 단행하고 직원들을 해고했을 때에도 버스터가 떠올랐다.

우리 모두에게는 버스터가 있다. 한두 명, 혹은 열 명쯤 있는 사람도 있다. 나의 버스터는 당신의 버스터에 비하면 별것 아니었을지 모르겠다.

당신의 버스터는 날마다 당신을 공격하는 아버지일 수 있다. 그는 당신이 어리고 말랐을 때에는 "사랑해."라고 말했지만, 당신이 나이 들고 몸집이 커지자 "너 따위는 필요 없어."라고 말했다. 당신의 버스터는 당신을 포기했다. 당신의 버스터는 당신을 속였다. 당신의 버스터는 당신을 버렸다. 그렇게 당신은 파괴되었다.

어쩌면 당신은 그러한 시련을 이겨 냈을지 모른다. 만약 그렇지 않다면 당신의 행복에 관해 생각해 볼 필요가 있다. 분노는 영혼의 만족을 빼앗아간다. 쓰라린 마음은 영혼의 만족을 태워 없앤다. 복수는 엄청난 식욕을 지닌 괴물이다. 한 번의 보복으로는 충분치 않다. 살 1파운드를 베어 내는 것으로는 충분치 않다(『베니스의 상인』에서 고리대금업자 샤일록은 돈을 제때 갚지 못하면 살 1파운드를 베어 낸다는 조건으로 안토니오에게 돈을 빌려 준다-역주). 스스로를 제어하지 않으면 원한이 우리를 잠식해 들어간다.

당신의 버스터는 이미 많은 것을 빼앗아갔다. 그가 더 많은 것을 가져가게 둘 것인가? 생각해 보라. 당신이 누군가를 미워할 때 인생이 더 달콤할까? 당신이 누군가를 증오할 때 인생이 더 아름다울까? 그렇지 않다. "급한 마음으로 노를 발하지 말라. 노는 우매한 자들의 품에 머무름이니라"(전 7:9).

어떤 사람들은 용서하는 것이 거의 불가능에 가깝다고 생각하여 용서의 길을 포기한다. 그러므로 현실적으로 생각하자. 용서는 잘못을 감싸 안거나 눈감아 주는 게 아니다. 용서하기 위해 반드시 화해를 해야 하는 것도 아니다. 나에게 잘못한 사람과의 관계 개선은 꼭 필요한 것도 아니고 늘 가능한 것도 아니다. 더욱이 "용서하고 잊으라"는 말은 도달 불가능한 기준을 제시한다. 고통스러운 기억은 낡은 의복처럼 쉽게 벗어던질 수 있는 게 아니다.

용서란 잘못한 사람에 대한 당신의 태도를 바꾸는 것이다. 해를 가하려는 마음을 평화에 열린 마음으로 바꾸는 것이다. 그러한 용서의 한 걸음은 행복을 향한 결정적인 한 걸음이다.

듀크대학교의 연구자들은 정서적 안정을 증진시키는 여덟 가지 요소를 제시했는데, 그중 네 가지가 용서와 관련이 있다.

1. 의심과 분노를 피할 것
2. 과거에 살지 말 것
3. 변화될 가능성이 없는 상황과 싸우느라 시간과 에너지를 허비하지 말 것
4. 부당한 대우를 받았을 때 자기연민에 빠지지 말 것[1]

〈용서하거나 원한을 품거나〉라는 제목의 논문에서 연구자들은 실험 참가자들로 하여금 그들에게 상처를 준 사람에 대해 생각하도록 했을 때의 상황을 전한다. 실험참가자들은 자신에게 상처를 준 사람을 생각만 해도 손에서 땀이 나고, 얼굴 근육이 경직되고, 심장 박동이 빨라지고, 혈압이 상승했다. 그러나 용서의 가능성을 상상해 보게 하자 앞에서 나타났던 모든 생리적인 반응이 원래대로 돌아갔다.[2] 건강과 행복은 용서가 흐르기 시작할 때 생겨난다.

그러므로 "서로 ○○하라"는 성경구절들의 소함대에 '용서'라는 이름의 함정이 포함되는 것은 당연하다. "서로 친절하게 하며 불쌍히 여기며 서로 용서하기를 하나님이 그리스도 안에서 너희를 용서하심과 같이 하라"(엡 4:32).

사도 바울은 또다시 용서를 이야기한다. 그는 "양심이 시키는 대로 서로 용서하라"고 말하는 것에 그치지 않았다. "편안하게 느껴지는 만큼 용서하라"고 말하는 것으로 충분치 않았다. "이해할 수 있는 만큼 용서하라"고 말하는 것으로 만족하지 않았다. 바울은 예수님을 기준으로 제시한다. 그리스도께서 용서하신 것처럼 용서하라고 말한다.

바울 서신 앞에 있는 복음서로 가서 예수님이 다른 사람들을 용서하신 장면을 찾아보면 요한복음에 다음과 같은 이야기가 나온다. 그것은 대야와 수건과 열두 제자와 그들의 땀내 나는 발이 등장하는 이야기다.

저녁 먹는 중 예수는 아버지께서 모든 것을 자기 손에 맡기신 것과 또 자기가 하나님께로부터 오셨다가 하나님께로 돌아가실 것을 아시고 저녁 잡수시던 자리에서 일어나 겉옷을 벗고 수건을 가져다가 허리에 두르시고 이에 대야에 물을 떠서 제자들의 발을 씻으시고 그 두르신 수건으로 닦기를 시작하여(요 13:3-5).

이 상황은 예수님께서 십자가에 못 박히시기 전에 제자들과 마지막으로 식사를 하시던 저녁 시간이었다. 요한은 예수님이 아시는 것을 우리도 알기 바랐다. 예수님은 자신에게 모든 권한이 있음을 아셨고, 또한 자신이 하나님께로부터 오셨다가 하나님께로 돌아가실 것을 아셨다. 예수님은 자신의 정체성과 운명을 확신하셨다. 자신이 누군지 아셨기에 자신의 일을 하실 수 있었다.

예수님은 "저녁 잡수시던 자리에서 일어"나셨다(4절). 예수님께서 자리에서 일어나셨을 때 제자들은 활기를 띠었을 것이다. 그들은 예수님이 무언가를 가르쳐 주시려 한다고 생각했다. 실제로 예수님은 가르침을 베푸셨지만, 그것은 말이 아닌 행동의 가르침이었다.

예수님은 겉옷을 벗으셨다(4절). 그분이 하시려는 일에는 솔기 없이 지은 랍비의 단순한 옷조차 지나치게 화려했던 것이다.

예수님은 겉옷을 벗고 허리에 수건을 두르신 뒤 주전자에 있는 물을 대야에 부으셨다. 들리는 소리라곤 대야에 물 떨어지는 소리뿐이었다. 그다음에 들린 소리는 예수님께서 대야를 바닥에 내려놓는 소리였다. 그다음에는 예수님께서 열두 켤레의 샌들 중 첫 번째 샌들의 가죽 끈을 푸는 소리가 들렸고, 이어서 예수님이 제자들 중 한 명의 지저분한 두 발을 대야에 담글 때의 "첨벙!" 소리가 들렸다. 예수님은 발가락을 마사지하시며 각질이 있는 발뒤꿈치를 씻기셨다. 다 씻은 발을 수건으로 닦아 주셨다. 그런 다음 일어나서 대야의 물을 버리고 새로 물을 채우신 후 같은 과정을 반복하셨다. 물을 붓고, 발을 씻기고, 마사지하고, 수건으로 닦으셨다.

이렇게 하는 데 시간이 얼마나 걸렸을 것 같은가?

한 사람의 발을 씻기는 데 2~3분이 걸린다고 가정할 때 아마도 한 시간은 족히 걸렸을 것이다. 그날은 예수님께서 제자들과 보내실 수 있는 시간이 얼마 남지 않은 때였음을 기억하라. 예수님께서 제자들과 함께하신 3년을 모래시계로 잰다면 모래알이 몇 알밖에 남지 않았을 때다. 그런데 그 소중한 시간을 예수님은 조용히 제자들의 발을 씻는 데 사용하셨다.

말을 하는 사람이 아무도 없었다. 늘 무언가 할 말이 있었던 베드로를 제외하고 말이다. 베드로가 예수님께서 자신의 발을 씻어 주시는 것에 반대하자 예수님은 "내가 너를 씻어 주지 아니하면 네가 나와 상관이 없느니라"고 말씀하시면서까지 그의 발을 씻어 주셨다(8절). 그러자 베드로는 그러면 발뿐 아니라 손과 머리까지 씻어 달라고 청했다.

그날 밤 제자들은 예수님이 발을 씻어 주신 것의 엄청난 의미를 깨달았다. 그들은 주님과 함께 있겠다고 맹세했지만, 그 맹세는 로마 병사들의 횃불 앞에서 밀랍처럼 녹아 버렸다. 병사들이 들이닥치자 제자들 모두가 달아나고 말았다.

그들이 달아나다가 결국 기운이 다해 땅에 털썩 주저앉으며 고개를 숙이고 무기력하게 땅바닥을 바라보는 모습이 눈에 선하다. 그때 예수님께서 씻어 주신 발이 눈에 들어왔다. 자신들에게 은혜가 필요하다는 것을 알기도 전에 예수님께서 그들에게 은혜를 베푸셨음을 깨달았다.

예수님은 제자들이 그분을 배반하기 전에 그들을 용서하셨다. 우리에게도 그렇게 하셨다. 우리에게는 버스터가 있지만, 대야도 있다. 우리는 상처받았다. 생각보다 훨씬 더 깊이 상처받았을 수 있다. 그러나 그 일이 있기 전에 용서받았다. 우리에게 은혜가 필요하다는 것을 알기도 전에 이미 은혜를 받았다!

천국에는 대야가 가득한 창고가 있을지 모른다. 각각의 대야에는 이름이 쓰여 있다. 특히 많이 닳은 대야 하나에 '맥스'라는 이름이 쓰여 있다. 날마다, 하루에도 여러 번 예수님은 천사를 보내 그 대야를 가져오게 하신다. "루케이도에게 또 씻을 일이 생겼구나." 그러면 천사가 창고로 날아가 창고지기에게 알린다. "또요?" 창고지기가 묻는다. "네, 또요." 천사가 대답한다. 천사는 대야를 가져다가 그리스도께 드린다. 그러면 주님은 그 대야를 은혜로 채워 내 죄를 씻어 주신다. 내 모든 죄가 침전물처럼 바닥에 가라앉으면, 예수님께서 그 대야를 비우신다.

당신은 예수님께서 당신의 죄를 얼마나 자주 씻어 주시는지 생각해 보았는가?

당신의 모든 죄가 기록되어 있는 비디오가 어찌어찌해서 내 손에 들어왔다고 가정하자. 당신의 모든 엇나가는 행동과 제멋대로의 생각, 경솔한 말들이 그 비디오에 담겨 있다. 당신은 내가 그 비디오를 재생하기 바라는가? 절대 그렇지 않을 것이다. 당신은 내게 그것을 틀지 말아 달라고 사정할 것이다. 나 역시 당신에게 내 죄를 알리지 말아 달라고 사정할 것이다.

걱정하지 말라. 나에겐 그런 비디오가 없다.

그러나 예수님은 가지고 계시다. 예수님은 그 비디오를 보셨다. 그분은 우리 삶의 모든 어두운 순간을 보셨다. 그리고 이렇게 결심하셨다. "내겐 은혜가 충분해. 나는 그들을 깨끗케 할 수 있어. 나는 그들의 죄를 씻어 줄 거야." 그러므로 우리는 자비의 다락방을 우리의 영원한 주소지로 삼아야 한다.

사도 요한은 그리스도께서 우리를 늘 깨끗케 하신다고 말한다.

그가 빛 가운데 계신 것같이 우리도 빛 가운데 행하면 우리가 서로 사귐이 있고 그 아들 예수의 피가 우리를 모든 죄에서 깨끗하게 하실 것이요(요일 1:7).

만일 우리가 우리 죄를 자백하면 그는 미쁘시고 의로우사 우리 죄를 사하시며 우리를 모든 불의에서 깨끗하게 하실 것이요(요일 1:9).

그리스도는 우리를 깨끗케 하신다. 그분은 우리의 약속이 유리잔처럼 깨지기 쉽다는 것을 아셨다. 그분은 우리가 수치의 어두운 골목길로 달아나리라는 것을 아셨다. 우리가 무릎에 얼굴을 파묻으리라는 것을 아셨다.

바울이 우리에게 예수님의 모범을 따르도록 촉구한 것은 이런 맥락에서다. 그는 복수를 하기보다 은혜를 베풀라고 말한다. 우리의 버스터들이 은혜를 받을 만해서가 아니라 우리가 은혜를 받았으므로 "서로 용서하기를 하나님이 그리스도 안에서 너희를 용서하심과 같이 하라"(엡 4:32)는 것이다.

수건을 허리에 두르고 대야를 드신 예수님께서 그분의 교회에 말씀하셨다. "이것이 우리의 방식이다." "내가 주와 또는 선생이 되어 너희 발을 씻었으니 너희도 서로 발을 씻어 주는 것이 옳으니라. 내가 너희에게 행한 것같이 너희도 행하게 하려 하여 본을 보였노라"(요 13:14-15).

다른 사람들은 언쟁을 하고 다툴지라도 우리는 그러지 않는다.

다른 사람들은 복수를 꾀할지라도 우리는 그러지 않는다.

다른 사람들은 자신들에게 잘못한 사람을 마음에 담아 둘지라도 우리는 그러지 않는다.

우리는 수건을 허리에 두르고 대야에 물을 채운다. 그리고 서로의 발을 씻어 준다.

예수님은 자신이 누군지 아셨기에 그렇게 하실 수 있었다. 당신은 어떤가? 당신도 자신이 누군지 아는가? 당신은 하나님의 창조물이다.

선하신 하나님의 형상을 따라 지음받았다. 당신은 영원한 왕국에서 통치할 것이며, 천국에 아주 가까이 있다.

당신이 누군지 알 때 예수님이 하신 일을 할 수 있다. 권리와 기대의 겉옷을 벗고 용감한 한 걸음을 내디디라. 사람들의 발을 씻어 주라. "서로 친절하게 대하고 불쌍히 여기며 하나님이 그리스도 안에서 여러분을 용서하신 것같이 서로 용서하십시오"(엡 4:32, 현대인의성경).

친절한(tenderhearted) - 다정한, 온화한, 인자한, 인정이 많은
강퍅한(hard-hearted) - 차가운, 딱딱한, 고집이 센

두 단어 중 당신의 마음을 더 잘 표현하는 것은 무엇인가?

내 친구의 조카가 최근에 집을 새로 장만했다. 그는 몹시 기뻐했다. 신혼인 데다 새 직장을 얻어 새로운 삶을 시작하게 되었으니 얼마나 희망에 부풀었겠는가. 집의 기초에 문제가 있음을 발견할 때까지는 모든 게 더없이 좋아 보였다.

하지만 어느 날 그는 바닥에 물이 새는 것을 알게 되었다. 배관공이 새는 곳을 찾으려고 욕실에 커다란 구멍을 뚫었다. 나중에 건축업자가 집 아래쪽에 터널을 뚫고 들어가 콘크리트로 구멍을 다시 메웠다. 그들은 콘크리트를 붓고 또 부었다. 트럭 한 대 분량으로도 모자라서 한 대 분량을 더 부었다.

퇴근해서 돌아와 보니 문이 안 열렸다. 곧 욕실에 뚫어 놓은 구멍을

막지 않았음을 알게 되었다. 트럭 두 대 분량의 콘크리트가 집의 기초뿐 아니라 집 안에까지 흘러 들어갔던 것이다. 마침내 친구의 조카가 집 안에 들어가 보니 가구들이 콘크리트로 바닥에 고정돼 있었다. 화장실 변기가 마치 다리가 없는 사람을 위한 변기처럼 보였고, 2미터 70센티미터 높이의 현관 몰딩에 팔이 닿을 정도로 바닥이 높아져 있었다. 그들의 집은 그렇게 그들의 눈앞에서 딱딱하게 굳어 갔다.

우리의 마음에도 같은 일이 일어날 수 있다. 분명히 말해 두지만, 나는 잘못한 사람을 두둔하거나 당신의 고통을 가벼이 여기는 게 아니다. 문제는 '당신이 상처받았느냐'가 아니라 '그 상처가 당신을 강퍅하게 만들도록 둘 것이냐'이다. 그 상처가 당신을 마비시키게 할 것인가? 당신의 모든 기쁨을 삼키게 놓아 둘 것인가? "서로 친절하고 인자하며 … 서로 용서"하는 편이 더 낫지 않겠는가?

다음과 같이 해 보라.

당신이 용서해야 할 것들을 정하라. 구체적으로 생각하라. '남편(아내)이 잘못했어.'라는 생각은 별로 효과가 없다. '남편(아내)은 집에까지 일거리를 싸 들고 오지 않기로 약속했어.' 같은 식이 훨씬 좋다. 그런 다음 **왜 마음이 상했는지 자문해 보라.** 그 일로 인해 마음이 상한 이유는 무엇인가? 그 일이 왜 상처가 되는가? 배신감이 드는가? 무시당했다는 느낌이 드는가? 혼자라고 느껴지는가?

최선을 다해 답을 찾아본 뒤, 그것을 상대방에게 말하기 전에 **예수님께 가지고 나아가라.** 예수님만큼 당신을 사랑하는 분은 없다. 당신의 상처를 예수님과 더 가까워지는 계기로 삼으라. 상처받고 용서하지 않는 것이 당신의 행복에 방해가 되는가? 그로 인해 당신의 평안이 줄어드는가? 만약 그렇다면 용서하는 방향으로 나아가라. 화가 가라앉을 때까지 예수님께 그 일에 대해 말씀드리라. 또다시 화가 나면 또다시 예수님께 말씀드리라.

그러다가 **안전하다고 느껴질 때 상대방에게 말하라.** 생각이 명료하고 동기가 순수한 상태에서 불만을 표현하라. 구체적으로 말하라. 지나치게 극적으로 말하지 말라. 단순히 상대방이 어떤 잘못을 했으며 그로 인해 당신이 어떻게 느꼈는지를 설명하라. 예를 들면 이런 식이다. "우리는 우리 집을 안식처로 만들기로 합의했어. 그런데 저녁 식사가 끝나면 당신은 늘 이메일을 확인하거나 회사 일을 하느라 바쁘잖아. 그래서 나는 우리 집에 있으면서도 외롭게 느껴져."

상대방을 존중하는 가운데 솔직하게 자신의 감정을 이야기하는 것이 용서로 가는 한 걸음이다. 민감한 주제를 입에 올리는 것은 쉽지 않다. 그러므로 섬김의 정신을 발휘하라. 당신에게 상처가 되었던 일을 말함으로써 용서가 그날을 지배하게 하라.

과연 용서가 그날을 지배할까? 은혜가 승리할까?

꼭 그렇게 된다는 보장은 없다. 그렇든 그렇지 않든 그다음에는 **상대방을 위해 기도하라.** 억지로 화해할 수는 없지만 상대방을 위해 기도할 수는 있다. "너희를 박해하는 자를 위하여 기도하라"(마 5:44). 기도는 마음속 깊은 곳에 남아 있을지 모르는 불만을 전부 드러내 준다!

은혜의 보좌 앞에 있으면서도 은혜를 베푸는 데 어려움을 겪는가? 그렇다면 예수님께 도움을 청하라. 여기 마지막 아이디어가 있다.

장례식을 치르라. 잘못을 묻으라. 당신의 감정을 억압하라는 것이 아니다. 부정적인 감정을 마음속 깊이 밀어넣어 보았자 득 될 것이 없다. 그 대신 상처받은 기억을 관(구두 상자 정도면 된다)에 넣어 '삶을 지속하기'라는 무덤에 묻으면 놀라운 일이 일어난다. 모자를 벗고, 가슴을 여미고, 마지막 눈물 한 방울을 떨어뜨리라. 또다시 분노가 일면 스스로에게 "이제는 밝은 미래를 향해 나아가야 할 때야."라고 말하라.

몇 해 전 한 남자가 나를 찾아와 자기 아내의 직장 상사에 대한 불만을 토로한 적이 있다. 그 상사는 그의 아내에게 지나치게 많은 일을 시키고 아무런 보상도 하지 않았다. 남편은 상사를 찾아가서 따졌다. 다행히 상사는 잘못을 인정하고 보상을 해 주었다.

아내는 기뻐했지만 남편은 여전히 화가 나 있었다. 아내를 보호하려는 마음이 커서 그랬겠지만, 남편은 상사가 좀처럼 용서가 안 되었다. 그래서 한 가지 아이디어를 냈다. 그는 편지를 써서 성냥과 함께 내 사무실로 가져왔다(성냥을 보고 나는 살짝 걱정이 되었다). 그리고 그 편지를 나에게 읽어 주었다. 그것은 아내의 상사에게 쓴 편지였다.

다 읽고 나서 그는 나에게 함께 기도하고 "분노가 나를 불태우기 전에" 그 편지를 불태우자고 했다. 우리는 그렇게 했다.

당신도 그렇게 해 보라.

용서는 (당신이 부당하게 받은) 상처에 (당신이 받을 자격이 없는) 자비를 베푸는 행위다. 당신은 부당하게 상처받았지만, 그렇다고 용서받기에 합당한 것도 아니다. 그러니 하나님의 크신 은혜를 받은 사람으로서 다른 사람들에게 은혜를 베푸는 것이 마땅하지 않겠는가?

어느 날 오글소프(Oglethorpe) 장군이 요한 웨슬리(John Wesley)에게 말했다. "나는 용서하지도 않고 잊지도 않습니다." 그러자 웨슬리는 이렇게 대답했다. "그렇다면 장군님이 죄를 짓지 않기를 바라야겠군요."3)

당신의 몸에는 용서의 물방울 하나가 튄 것이 아니다. 당신의 몸이 은혜에 살짝 젖은 것도 아니다. 친절을 조금 맛본 것도 아니다. 당신은 용서에 흠뻑 젖고, 은혜에 푹 잠겼다. 하나님의 은혜의 바다에 어깨까지 잠겨 있으면서 잔을 채워 다른 사람들에게 용서를 베풀지 않을 수 있을까?

내가 이 책을 쓰는 동안 스물한 명의 그리스도인이 ISIS 테러리스트들에 의해 희생되었다. 그중 두 명은 형제로, 스물세 살과 스물다섯 살의 청년이었다. 어느 인터뷰에서 그들의 또 다른 형제는 이렇게 말했다. "ISIS 덕분에 믿음이 더 굳건해졌습니다. (내 형제들이) 비명을 지르며 믿음을 선언할 때 오디오를 끄지 않은 ISIS에게 감사합니다." 그리고 ISIS의 일원이 아들들을 살해하는 장면을 어머니가 보았다면 어떻게 했을 것 같냐는 질문에는 이렇게 대답했다. "어머니는 그를 집으로 초대하겠다고 하셨습니다. 그는 우리가 천국에 가도록 도와주었으니까요. 이것이 우리 어머니께서 하신 말씀입니다."4)

우리도 그렇게 하자.

행복은 당신이 받은 은혜를 다른 사람들에게 베풀 때 생겨난다. 이제 예수님이 다락방에서 보여 주신 본을 따를 때가 되었다. 하나님께서 그리스도 안에서 당신을 용서하셨듯이 당신도 다른 사람들을 용서할 때가 되었다.

● 행복이 더해지는 묵상과 나눔

1. "용서하고 잊으라"는 말에 대해 어떻게 생각하는가?

    – 이것이 당신 삶의 신조 중 하나인가?
    – 이것이 가능하다고 믿는가?
    – 당신은 삶 속에서 이것을 성공적으로 실천하고 있는가?
    – 당신의 답에 대해 설명하라.

2. 이 장에 의하면 용서는 무엇이 '아닌'가? 당신은 여기에 동의하는가? 그 이유는 무엇인가?

3. 저자는 용서가 무엇이라고 이야기하는가? 이것은 당신이 생각한 용서와 같은가, 다른가? 다르다면 어떻게 다른가?

4. 당신이 누군가를 진정으로 용서했다는 것을 어떻게 알 수 있는가? 그리고 누군가를 용서하지 않았다는 것을 어떻게 알 수 있는가?

5. 당신에게 상처를 준 누군가를 용서했던 때를 생각해 보라. 당신은 그 사람을 어떻게 용서할 수 있었는가?

6. 듀크대학교에서 이루어진 연구에 의하면 정서적 안정을 증진시키는 여덟 가지 요소 중 네 가지는 용서와 관련이 있다. 다음은 그 네 가지다.

    의심과 분노를 피할 것
    과거에 살지 말 것
    변화될 가능성이 없는 상황과 싸우느라 시간과 에너지를 허비하지 말 것
    부당한 대우를 받았을 때 자기연민에 빠지지 말 것

- 이 중 당신이 하기 힘든 것은 무엇이고, 그 이유는 무엇인가?
- 이 중 당신이 잘할 수 있다고 생각되는 것은 무엇이고, 그 이유는 무엇인가?

7. 에베소서 4장 32절에서 바울은 "서로 용서하기를 하나님이 그리스도 안에서 너희를 용서하심과 같이 하라"고 쓰고 있다.

   - 하나님의 용서를 경험한 적이 있는가?
   - 그런 경험이 당신이 다른 사람들을 용서하는 데 어떤 영향을 끼쳤는가?
   - 만약 그런 경험이 없다면, 그리스도께서 당신의 죄를 용서하신다는 사실에 어떤 느낌을 받는가? 이러한 사실을 받아들이는 것이 쉬운가, 어려운가? 당신의 답에 대해 설명하라.

8. 요한복음 13장 3-5절에서 저자가 상상한 대목을 다시 읽으라. 천천히 읽으며 당신이 그 장면에 등장하는 인물 중 하나라고 상상해 보라.

   - 이 장면의 어떤 부분이 특히 마음에 와닿으며, 그 이유는 무엇인가?
   - 본문은 예수님에 대해 무엇을 알려 주는가?

9. 요한복음 18장 2-5절과 15-17절을 읽으라. 예수님은 베드로와 유다가 배반할 것을 아시면서도 그들의 발을 씻어 주셨다.

   - 이것은 그리스도의 용서에 대해 무엇을 말해 주는가?
   - 이것은 그리스도께서 당신을 어떻게 용서하셨는지에 대해 무엇을 말해 주는가?
   - 이것은 당신이 용서하기 힘든 사람들에 대한 그리스도의 용서에 대해 무엇을 말해 주는가?

10. 예수님께서 제자들의 발을 씻어 주신 뒤 제자들에게 뭐라고 말씀하셨는가?(요 13:14-15 참조)

    - 이 구절을 염두에 두고, 당신이 용서해야 하지만 아직 용서하지 못한 사람에 대해 생각해 보라.
    - 당신은 왜 그 사람을 용서하려 하는가?

- 당신이 용서받았음을 아는 것이 그 사람을 용서하는 데 어떻게 도움이 되는가?

11. 당신이 용서해야 할 사람을 염두에 두고, 저자가 이 장에서 제시한 용서의 단계에 대해 생각해 보라. 저자가 제시한 용서의 단계는 다음과 같다.

    당신이 용서해야 할 것들을 정하라.
    왜 마음이 상했는지 자문해 보라.
    예수님께 가지고 나아가라.
    상대방에게 말하라.
    상대방을 위해 기도하라.
    장례식을 치르라.

    - 이 중 당신이 이미 행한 것은 무엇인가?
    - 이 중 당신이 아직 하지 않고 있는 것은 무엇인가? 무엇이 당신을 주저하게 하는가?
    - 그 사람을 완전히 용서하는 것이 당신의 행복을 어떻게 증진시키는가?
    - 그 사람을 용서하지 않는 것이 당신의 행복을 어떻게 빼앗는가?

12. 에베소서는 원래 바울이 교회 공동체에 쓴 편지다. 이는 용서에 대한 그의 가르침이 개인뿐 아니라 교회 전체를 향한 것임을 시사한다.

    - 에베소서 4장 32절에서 바울이 용서에 대해 말할 때 이 공동체는 어떤 상황 가운데 있었는가?
    - 용서는 공동체 전체에 어떻게 영향을 미치는가?
    - 용서하지 않는 것이 공동체 전체에 어떻게 영향을 미치는가?
    - 공동체의 일원이 되는 것이 우리가 서로를 용서하는 데 어떻게 도움이 되는가?

11
사랑받으라. 그리고 사랑하라.

하나님이 이같이 우리를 사랑
하셨은즉 우리도 서로 사랑하
는 것이 마땅하도다.
– 요한일서 4장 11절

안드레아 모스코니(Andrea Mosconi)는 수십 년간 일주일 중 6일 아침마다 같은 일을 반복해 왔다. 이탈리아의 거장인 그는 코트와 타이를 착용하고 이탈리아 크레모나 시청으로 가서 시청 부속 건물인 현악기 박물관으로 들어간다. 그리고 여러 개의 자물쇠가 달린 유리관 앞에 서서 세상에서 가장 귀한 악기 몇 점을 찬탄의 눈으로 바라본다. 음악에 있어서 그 악기들은 미국 역사의 독립선언문과도 같다.

현악기 박물관에는 아마티 가문에서 제작한 바이올린 두 대와 비올라 한 대, 과르네리 가문에서 제작한 바이올린 두 대, 그리고 안토니오 스트라디바리가 손수 제작한 바이올린 한 대가 전시되어 있다.

전시된 악기 대부분은 300년 이상 된 것이어서 세심한 관리가 필요하다. 손대지 않고 그냥 두면 악기의 울림에 이상이 생긴다. 그것이 바로 모스코니가 이곳에 오는 이유다. 그의 직무기술서에는 '악기 연주'라는 단 한 줄이 쓰여 있다. 8월을 제외한 매달, 일요일을 제외한 매일 아침, 그는 최고의 악기들로 최상의 음악을 연주한다.

그는 매우 신중하고도 정성스럽게 유리로 된 장에서 악기를 꺼내 6-7분 동안 연주한 뒤, 그것을 다시 장에 넣고 다음 악기로 옮겨간다. 박물관 안에 더없이 아름다운 음악이 울려 퍼지고 귀중한 악기들이 살뜰한 보살핌을 받고 나면 그의 하루 일과가 끝난다.[1]

당신과 나와 모스코니에게는 공통점이 있다. 당신은 날마다 이탈리아에 있는 현악기 박물관에 들어가지 않는다. 나는 스트라디바리우스를 연주하지 않는다. 우리는 악기를 관리하는 사람들이 아니다.

하지만 우리는 그보다 훨씬 더 중요한 일을 한다. 우리에게는 사람들에게서 최상의 것을 이끌어 낼 기회가 있다. 이보다 더 기분 좋은 일이 어디 있겠는가?

그 보물 중 일부는 당신과 한집에 산다. 그들은 당신과 같은 성(姓)을 쓴다. 당신은 그들이 설거지를 하거나 세탁물을 찾아오는 일을 곧잘 잊어버리는 사람들이라고 생각하곤 한다.

그러나 진실은 그들이 하나님이 만드신 잘 조율된 악기라는 것이다. 당신은 그렇게 생각하는 일이 거의 없다. 그들은 입냄새가 나고 태도가 불량한 데다 좋지 않은 습관을 가지고 있기 때문이다. 그러나 세심히 보살피면 그들은 음악을 연주할 수 있다.

또한 당신의 악기 박물관에는 다양한 기능을 수행하는 사람들이 있다. 그들은 당신이 계산대에 내민 물건들의 가격을 계산해 주고, 당신이 치른 시험에 점수를 주고, 당신의 혈압을 잰다. 그들은 경찰복을 입고 있거나, 카풀 차량을 운전하거나, 사무실 인터넷에 문제가 생겼을 때 당신의 컴퓨터를 점검해 준다.

그들은 혼자 튀려고 하기보다 여럿이 조화를 이룬다. 그들은 자신들이 스트라디바리우스로 불린다는 생각만 해도 얼굴을 붉히겠지만, 사실 그들은 스트라디바리우스다. 자기만의 개성으로 세상에 특별한 음악을 들려줄 스트라디바리우스 말이다.

그들에게 필요한 전부는 모스코니, 즉 그들에게서 최상의 것을 이끌어 내 줄 숙련된 큐레이터다. 그들에게 필요한 전부는 "서로 ○○하라"는 성경구절의 최고봉인 "서로 사랑하라"(요일 4:11 참조)는 말씀을 기꺼이 실천하고자 하는 누군가이다.

진정한 행복은 후문을 통해 찾을 수 있다는 사실을 기억하라.

대부분의 사람들은 정문을 통해 기쁨을 찾으려 한다. 그들은 소비하고, 외모를 치장하고, 결혼하고, 쟁취함으로써 행복해지려 한다. 그러나 사람들이 덜 이용하는 후문에는 하나님의 지혜가 있다. 다른 사람들을 행복하게 해 줄 때 행복해지는 지혜다.

행복은 받는 것보다 주는 것과 관련이 있고, 사랑받는 것보다 사랑하는 것과 관련이 있다.

신약성경에는 "서로 사랑하라"는 권고가 열한 번 정도 등장한다. 그리스도께서 세 번(요 13:34, 15:12, 17), 바울이 세 번(롬 13:8; 살전 3:12, 4:9), 베드로가 한 번(벧전 1:22), 사도 요한이 네 번(요일 3:11, 4:7, 11; 요이 5절) 말했다.

이 구절들에 나오는 '사랑'에 해당하는 헬라어 '아가페'(agape)는 이타적인 사랑을 의미한다.[2] 아가페 사랑은 돈이 별로 없을 때에도 남을 돕게 하고, 누군가가 내게 큰 잘못을 해도 그를 용서하게 하고, 스트레스가 심한 상황에서도 인내심을 발휘하게 하고, 친절을 경험하기 힘든 환경에서 친절을 베풀게 한다. "하나님이 세상을 이처럼 사랑하사(아가파오, agapao) 독생자를 주셨으니"(요 3:16). 아가페 사랑은 베푸는 사랑이다. 아가페 나무는 헌신이라는 토양에 뿌리를 내린다. 단 한 순간이라도 그 나무의 열매가 시큼할 거라고 생각지 말라. 기꺼이 과수원을 돌보고자 하는 사람들에게는 달콤한 행복이 기다리고 있다.

그런 사랑을 하는 것이 쉽지 않다고 생각하는가? 그런 사랑이 드물다고 생각하는가? 그렇다면 당신은 한 단계를 놓친 것이다. 다른 사람들을 향한 사랑은, 사랑을 줌으로써가 아니라 그리스도의 사랑을 받아들임으로써 시작된다. "새 계명을 너희에게 주노니 서로 사랑하라. 내가 너희를 사랑한 것같이 너희도 서로 사랑하라"(요 13:34).

여기서 "내가 너희를 사랑한 것같이"라는 말이 중요하다. 당신은 하나님께서 당신을 사랑하시게 두었는가? 이 질문을 대충 지나치지 말라. 하나님의 사랑이 당신의 삶 가운데 속속들이 스며들게 두었는가?

"하나님이 우리를 사랑하시는 사랑을 … (체험적으로) 알고 믿었"는가?
(요일 4:16)

만약 당신의 대답이 "잘 모르겠는데요."라거나 "그런 사랑을 경험한 지 한참 된 것 같아요." "저 같은 사람은 하나님이 사랑하실 것 같지 않네요."라면 무언가에 발부리가 걸린 것이다.

우리는 사람들이 사랑스러워서 사랑하는 것이 아니다. 사람들은 괴팍하고, 완고하고, 이기적이고, 잔인할 수 있다. **우리가 사람들을 사랑하는 이유는 하나님께서 우리를 사랑하시는 사랑을 우리가 알고 믿기 때문이다.** 우리는 받을 자격도 없고 받을 수 있으리라고 생각지도 못한, 그러나 거부할 수 없는 선물인 하나님의 사랑을 받은 사람들이다.

그런데 우리는 이 단계를 건너뛰는 경향이 있다. "이웃을 사랑해야 한다고? 좋아, 그렇게 하지 뭐." 이렇게 결심한 뒤 이를 악물고 노력을 배가한다. 마치 우리 안에 사랑을 증류하는 양조장이라도 있는 것처럼, 증류기에 열을 가하면 또 한 병의 사랑주가 만들어지기라도 하는 것처럼 말이다.

하지만 그것은 불가능하다! 우리 안에는 사랑이 없기 때문이다. 우리는 오직 하나님 아버지의 아가페 사랑을 받아들임으로써 다른 사람들을 향한 아가페 사랑을 발견할 수 있다.

먼저 사랑을 받아들인 후에 다른 사람들을 사랑하라. 먼저 사랑받지 않으면 우리는 사랑할 수 없다. 상처받은 사람들이 다른 사람들에게 상처를 주는 것처럼 사랑받은 사람들이 다른 사람들을 사랑한다.

그러므로 먼저 하나님의 사랑을 받으라! 행복의 가장 순수한 원천인 하나님의 사랑을 발견하라. "헤아릴 수 없는" 사랑(엡 3:19, 현대인의성경), 받는 사람 편에서 어찌 할 도리가 없는 사랑을 발견하라. 모세가 이스라엘 백성에게 한 말은 곧 하나님께서 우리에게 하시는 말씀이다. "여호와께서 너희를 기뻐하시고 너희를 택하심은 너희가 다른 민족보다 수효가 많기 때문이 아니니라. 너희는 오히려 모든 민족 중에 가장 적으니라. 여호와께서 다만 너희를 사랑하심으로 말미암아…"(신 7:7-8).

우리가 선하기 때문에 하나님께서 우리를 사랑하시는 것인가? 아니면 우리의 친절 때문인가? 우리의 크나큰 헌신 때문인가? 아니다. 하나님께서 우리를 사랑하시는 것은 그분의 선하심과 인자하심과 크나큰 헌신 때문이다.

하나님께서 당신을 사랑하시는 이유는 그분이 당신을 사랑하기로 하셨기 때문이다.

당신은 사랑스럽지 않을 때 사랑받았다. 그 누구에게도 사랑받지 못할 때 하나님께 사랑받았다. 다른 사람들은 당신을 버리고, 당신과 이혼하고, 당신을 무시할지 몰라도 하나님은 당신을 사랑하신다. 그리고 이렇게 말씀하신다. "내가 이름 없는 사람들을 불러 이름 있는 사람들로 만들겠다. 내가 사랑받지 못한 사람들을 불러 사랑받는 사람들로 만들겠다"(롬 9:25, 메시지성경).

당신의 삶 가운데 이런 사랑이 있게 하라. 이런 사랑으로부터 '나는 하늘 아버지께 사랑받았다'는 크나큰 기쁨이 탄생하게 하라.

우리는 여기서부터 시작해야 한다. 하나님의 사랑의 해먹에 몸을 누이라. 그렇게 할 때, 그리고 그렇게 하는 만큼 당신은 그 사랑을 다른 사람들에게 베풀 수 있다.

어쩌면 결코 사랑스럽지 않은 사람들의 이름이 떠오를 것이다. 10년도 넘게 그들에 대한 편견이나 원한을 가지고 있을 수 있다. 그러나 새날을 맞이하라. 하나님의 사랑이 당신을 통해 흘러갈 때 해묵은 적의와 철조망이 사라진다. 행복은 그렇게 생겨난다. 하나님은 당신이 오랜 미움과 편견 속에 살도록 내버려두지 않으실 것이다. 기억하라. "누구든지 그리스도 안에 있으면 새로운 피조물이라. 이전 것은 지나갔으니 보라 새것이 되었도다"(고후 5:17).

하나님의 사랑이 당신을 통해 흐를 때 당신은 사람들을 달리 보게 될 것이다. "그러므로 우리가 이제부터는 어떤 사람도 육신을 따라 알지 아니하노라. 비록 우리가 그리스도도 육신을 따라 알았으나 이제부터는 그같이 알지 아니하노라"(고후 5:16).

당신 안에는 하나님이 거하신다. 당신은 노숙자를 사랑하기 힘들지 몰라도 하나님은 당신을 통해 그들을 사랑하신다. 친구들은 당신에게 약자를 괴롭히거나 부자를 욕하는 법을 가르쳐 주었을지 몰라도 하나님은 당신 안에 새로운 태도를 창조하신다. 그분은 당신 안에 거하신다.

마트 계산대에 앉아 있는 여인을 보라. 그녀는 단순한 계산원이 아니라 경이로운 피조물이다.

아침 식탁에 앉아 있는 당신의 남편은 어떤가? 그는 면도를 하지 않은 지저분한 남자가 아니라 신성한 과업을 해 나갈 하나님의 창조물이다.

길 건너에 사는 이웃은 어떤가? 그는 앞마당의 잔디를 깎는 것을 잊어버린 사람이 아니라 하나님의 형상대로 지음받은 사람이다.

하나님은 당신의 마음속에 그분이 만드신 다양한 창조물에 대한 감사의 마음을 심으실 것이다. 우리 안의 자기중심성은 획일적인 세상을 원한다. 모두가 비슷하게 생기고 비슷하게 행동하기를 바란다. 그러나 하나님은 다양한 창조물로 가득한 세상을 사랑하신다. "우리는 그가 만드신 바"다(엡 2:10). 여기서 "만드신 바"는 헬라어 '포이에마'(poiema)에서 유래한 말로, '시'로 번역할 수 있다.[3] 우리는 하나님의 시다! 롱펠로(Longfellow, 미국의 시인)가 펜과 종이를 가지고 한 일을 하나님은 우리를 통해 하신다. 우리는 하나님의 가장 훌륭한 창조물이다.

'우리'가 하나님의 시다. 당신만 하나님의 시이거나, 나만 하나님의 시인 것이 아니다. 당신과 내가 합쳐져서 하나님의 시가 된다. 각각 따로 떨어져 있을 때 우리는 하나님이 쓰신 작은 글자에 지나지 않는다. 당신은 동사이고, 그녀는 명사이며, 나는 의문부호다. 우리는 하나님이 쓰신 글자나 부호일 뿐이다. 그런데 어떤 글자가 다른 글자를 비난할 권리가 있겠는가? p가 왜 거꾸로 쓰였느냐며 q를 비난할 수 있을까? m이 왜 그렇게 개방적이냐고 w를 놀릴 수 있을까? 대체 우리가 누구이기에 작가에게 우리를 어떻게 만들어 달라거나 언제 사용해 달라고 말할 수 있겠는가?

우리에게는 서로가 필요하다. 우리 한 사람 한 사람은 종이 위의 글자에 지나지 않지만 함께 있으면 시가 된다.

아가페 사랑은 다양한 인간 군상 안에서 아름다움을 본다. 사람들 중에는 논리적인 사상가도 있고, 감성적인 예배자도 있다. 역동적인 리더도 있고, 온순한 추종자도 있다. 사람들을 좋아하는 사교적인 사람도 있고, 생각하기를 좋아하는 신중한 사람도 있으며, 베풀기를 좋아하는 너그러운 사람도 있다. 각각 따로 떨어져 있을 때 우리는 하나님의 불완전한 메시지이지만, 함께 있을 때 "우리는 그가 만드신 바"다(엡 2:10).

사람들 안에서 기쁨을 찾는 법을 배울 때 당신이 발견할 기쁨을 상상해 보라(한번 시도해 보라. 사람들은 어디에나 있다!) 그럴 때 인생은 지루한 의무가 아니라 마치 하나님의 미술관을 둘러보는 즐거운 산책처럼 느껴질 것이다.

어제 나는 골프장에서 어느 60대 남자를 알게 되었다. 그의 이야기를 들으면서 나는 그가 우울증에 빠질 오만 가지 이유가 있음을 깨달았다. 그는 20년간 편두통을 앓아 온 데다 부인과 이혼했고 현재 실직 상태였다. 게다가 지난 10년간 1년에 한 번 이상 이사를 다녀야 했다.

그러나 그가 말하는 것을 들으면 당신은 그가 방금 도로시와 함께 노란 벽돌 길에서 춤을 추다 온 것처럼 생각될 것이다. 골프 때문만은 아니다. 사실 그의 스윙은 약간 제멋대로다. 하지만 그의 행복에는 전염성이 있었다. 그는 골프를 치는 내내 내게 미소를 지어 보였다. 나는 그에게 물었다. "살면서 그토록 힘든 일을 많이 겪었는데 어쩌면 그렇게 계속 미소를 지을 수 있지요?"

그는 반짝이는 눈으로 나를 바라보았다. "나는 사람들을 만나니까요! 사람들 하나하나가 다 이야기인걸요. 이야기로 가득한 세상을 어떻게 사랑하지 않을 수 있겠어요!"

그는 행복해지는 비결을 알고 있었다. 생각해 보라. 모든 사람이 기쁨의 이유가 된다면 우리에게는 미소 지을 70억 가지 이유가 있다.

우리는 모두 발전 과정에 있는 작품들임을 기억하자. 포도 한 알을 맛보고 그 포도밭에서 나온 와인을 판단하거나 화가의 붓질 한 번으로 그의 작품을 평할 수는 없는 일이다. 포도가 영글 시간을 주어야 하고, 화가가 그림을 완성할 기회를 주어야 한다.

하나님께도 그렇게 해 드리자. 하나님은 아직 작품을 완성하신 게 아니다. 하나님의 작품 중 일부(우리 중 일부)에게는 보다 세심한 배려와 관심이 필요하다. 사도 바울의 말에서 힌트를 얻자. 그는 몇몇 친구들에게 이렇게 말했다.

여러분 안에 이 위대한 일을 시작하신 하나님께서 그 일을 지속하셔서, 그리스도 예수께서 오시는 그날에 멋지게 완성하실 것을 나는 조금도 의심치 않습니다(빌 1:6, 메시지성경).

하나님은 아직 작품을 완성하지 않으셨다. 포도가 익어 가게 하자.

화가에게 시간을 주자. 점차 나아지는 작품에 박수를 보내자. 잘못된 부분을 지적하는 비평가가 되지 말고 최상의 것을 이끌어 내는 치어리더가 되자. 그러면 당신은 사람들과의 관계를 즐기게 될 것이고, 그들 역시 당신과의 관계를 즐기게 될 것이다.

모스코니의 역할을 받아들이자. 세상을 천상의 보물로 가득한 박물관으로 여기자. 당신은 그 박물관의 관리인이다. 당신은 박물관 안의 악기들로부터 음악을 이끌어 내기 위해 존재한다.

모스코니에게는 로진유(현악기에 바르는 기름-역주)와 바이올린 활 등이 들어 있는 도구함이 있었다. 당신에게도 도구함이 있다. 격려의 말과 조언, 따뜻한 안부 인사와 진정한 용서가 들어 있는 도구함이다. 당신은 사람들과의 관계에 인내와 친절과 이타심의 로진유를 바른다. 그리고 그것이 무엇이든, 그들에게서 최상의 것을 이끌어 내기 위한 일을 한다.

왜 그래야 할까? 하나님이 당신에게서 최상의 것을 이끌어 내셨기 때문이다. 영광의 한 부분에서 그다음 부분에 이르기까지 하나님은 날마다 조금씩 당신을 새롭게 하신다.

협소하고 부정적인 생각에 굴하지 말라. 당신은 사랑에 실패했을 수 있다. 상관없다. 하나님은 두 번째 기회를 주신다. 당신은 이상한 사람이라는 평판을 얻었을 수도 있다. 괜찮다. 하나님은 당신을 변화시키실 수 있다. 하나님은 당신을 포기하지 않으신다. 그러니 당신도 스스로를 포기하지 말라.

며칠 전 나는 손녀를 돌보게 되었다. 로지의 부모가 일 때문에 아이를 우리 집에 맡겼는데, 그날따라 아내가 집을 비우고 없었다. 그러니 30개월 된 손녀와 데이트를 한 사람이 누구였겠는가?

우리는 너무도 즐거운 시간을 보냈다! 로지는 웨딩드레스를 입었다. 우리는 시리얼을 우유 없이 먹고, 디즈니 음악에 맞춰 춤을 추었다. 그리고 어둠 속에서 정문까지 걸어가는 재미있는 시도를 했다. 우리 집 현관에서 정문까지는 걸어서 10분쯤 걸린다. 로지에게 그것은 엄청난 모험이었다. 우리가 정문을 향해 출발할 때 로지는 무단횡단을 하는 사람을 멈춰 세우는 교통경찰처럼 손을 번쩍 들어 올렸다. "거기 계세요, 할아버지. 저 혼자 갈 거예요."

나는 잠시 멈춰 섰다. 그리고 로지가 자기 혼자 가고 있다고 생각할 만큼만 떨어져서 따라갔다. 어린아이가 혼자 문까지 걸어가게 둘 수는 없었기 때문이다.

로지는 몇 발짝 가다가 멈춰 서서 주위를 둘러보았다. 어쩌면 바람에 서걱이는 나무 이파리 때문이었는지 모르겠다. 아니면 바닥에 길게 드리워진 그림자 때문이었을 수도 있다. 로지가 왜 멈춰 섰는지 정확한 이유는 모르지만, 나는 로지가 멈춰 서는 것이 보일 만큼, 그리고 "할아버지!" 하고 부르는 것을 들을 수 있을 만큼 가까이에 있었다.

나는 한달음에 로지 곁으로 갔다. 로지는 나를 올려다보며 미소 지었다. "같이 가요." 우리는 손을 잡고 남은 길을 걸었다.

나와 같은 목사들은 하나님의 사랑에 대해 지나치게 복잡하게 생각하는 경향이 있다. 그래서 장황한 설명과 신학적인 사고에 집착할 때가 있다. 그러나 하나님 사랑의 가장 좋은 예는 어둠 속을 걷는 로지가 도움을 청하고, 그 소리를 들은 할아버지가 서둘러 그 아이의 곁으로 다가가는 그런 것일지도 모르겠다.

친구여, 당신의 하늘 아버지가 뒤에서 당신을 따라오고 계신다. 이 삶과 사랑의 여정에서 어두운 밤이 믿음보다는 두려움을 안겨 줄 때, 사랑하기 힘든 사람들을 사랑하는 것이 불가능하다고 느껴질 때, 잠시 멈춰 서서 하늘 아버지의 이름을 부르라. 그분은 당신이 생각하는 것보다 더 가까이에 계신다. 그리고 당신 혼자 이 길을 걷도록 내버려 두지 않으신다.

● 행복이 더해지는 묵상과 나눔

1. 저자는 안드레아 모스코니에 관한 이야기로 이 장을 시작한다. 모스코니의 임무는 무엇이었는가? 우리에게는 그와 비슷한 어떤 임무가 맡겨졌는가?

2. 당신에게서 최상의 것을 이끌어 낸 사람은 누구이며, 그가 어떻게 했는가?

3. 예수님이 우리에게 주신 가장 위대한 명령은 아마도 요한복음 13장 34절 말씀일 것이다. "새 계명을 너희에게 주노니 서로 사랑하라. 내가 너희를 사랑한 것같이 너희도 서로 사랑하라." 이 명령은 신약성경의 다른 곳에서도 반복된다. 요한복음 13장 34절과 함께 다음 성경구절들에 대해 생각해 보라.

    "피차 사랑의 빚 외에는 아무에게든지 아무 빚도 지지 말라. 남을 사랑하는 자는 율법을 다 이루었느니라"(롬 13:8).
    "사랑하는 자들아 하나님이 이같이 우리를 사랑하셨은즉 우리도 서로 사랑하는 것이 마땅하도다"(요일 4:11).

    - 이 성경구절들은 우리가 서로 사랑해야 하는 이유와 방법에 대해 뭐라고 말하는가?
    - 서로 사랑하는 것이 어떤 의미인지 당신 자신의 말로 표현해 보라.
    - 이 세 구절에 나오는 "사랑"이라는 단어는 모두 헬라어 '아가페'를 번역한 것이다. '아가페'가 무슨 뜻인가?
    - '아가페'가 예수님께서 우리에게 서로 사랑하라고 말씀하신 뜻을 이해하는 데 어떻게 도움이 되는가?

4. 저자는 이 장에서 다음과 같이 중요한 질문을 던진다. "당신은 하나님께서 당신을 사랑하시게 두었는가?"

    - 이 질문에 대한 당신의 대답은 무엇인가?
    - 당신의 대답이 긍정적이라면, 당신은 어떻게 하나님의 사랑을 느끼는가?
    - 당신의 대답이 부정적이라면, 그 이유에 대해 설명하라.

  - 잘 모르겠다면, 어떤 부분이 확신이 안 서는지 이야기해 보라.

5. 우리는 그리스도의 사랑을 받아들이기 전에는 다른 사람들을 온전히 사랑할 수 없다. 구세주의 사랑을 체험할 때 비로소 그들을 사랑할 수 있다.

  - 하나님의 사랑을 받아들인 것이 다른 사람들을 사랑하는 데 도움이 되었는가? 어떻게 도움이 되었는가?
  - 당신이 사랑받는다고 느끼지 못하는 상태에서 다른 누군가를 사랑하려고 해 본 적이 있는가? 그때의 경험이 어떠하였는가?

6. 신명기 7장 7-9절과 로마서 5장 8절, 에베소서 2장 8-10절을 읽으라.

  - 이 성경구절들에 의하면 하나님은 왜 우리를 사랑하시는가?
  - 예수님은 왜 우리를 위하여 죽으셨는가?
  - 당신은 하나님께서 단지 당신을 사랑하기로 하셨기 때문에 당신을 사랑하신다는 것을 믿는가? 아니면 다른 사람들과 하나님의 사랑을 얻으려고 노력하는가?
  - 당신이 아는 사람 중에 하나님께 사랑받는 것처럼 사는 사람이 있는가? 그 사람이 사랑받는다는 것을 어떻게 알 수 있는가?

7. 당신이 사랑하기 힘든 사람이나 모임을 떠올려 보라.

  - 당신에 대한 하나님의 사랑이 당신이 그 사람이나 모임을 사랑하는 데 어떻게 도움이 되는가?
  - 그 사람이나 모임을 사랑하는 것이 당신을 행복하게 하는가? 어떻게 행복하게 하는가?

8. 헨리 나우웬은 그의 저서 『이는 내 사랑하는 자요』(Life of the Beloved)에서 우리가 하나

님께 사랑받는다는 것을 믿기가 얼마나 힘든지에 대해 쓰고 있다. 그리고 이와 관련하여 도움이 될 수 있도록, 침묵 속에서 하나님의 음성을 듣는 연습을 하라고 제안한다.

나우웬은 "침묵에 잠겨 세상의 온갖 시끄러운 소리 너머에 도달하기란 쉽지 않다"고 말한다. 하지만 그렇게 할 때 당신은 당신을 나무라거나 벌하는 목소리를 맞닥뜨리지 않게 될 것이다. 그리고 "거기서 '너는 내 사랑하는 아들이라. 내가 너를 기뻐하노라.'라는 세미한 음성을 듣게 될 것이다. … 우리가 고독을 껴안고 침묵과 벗하면 그 음성을 알게 될 것이다."[4]

- 당신이 조용히 하나님의 임재 안에서 시간을 보내면 하나님께서 당신에게 무슨 말씀을 하실 것 같은가?
- 이러한 생각이 불편하게 느껴지는가? 그 이유는 무엇인가?
- 당신은 나우웬의 말이 믿어지는가? 나우웬의 말처럼 하나님께서 당신을 "사랑하는 아들(딸)"이라고 부르실 것이라고 생각하는가?
- 오늘 하루, 침묵 속에서 시간을 보내며 "사랑한다"고 말씀하시는 하나님의 음성에 귀기울여 보라.

그다음 단계
사람들을 행복하게 하기

서던캘리포니아대학교 미식축구 역사상 최고의 순간은 트로피를 들어 올리거나 터치다운을 하는 장면이 아니다. 경기를 승리로 이끈 패스나 승리한 팀의 선수들이 코치에게 음료수를 뿌리는 장면도 명예의 전당에 오를 만한 사건에 포함되지 않는다.

1880년에 시작된 이 유서 깊은 운동경기를 경기장 사이드라인에서 직접 지켜볼 기회가 주어진다면, 나는 2017년도에 있었던 서던캘리포니아대학교 대 웨스턴미시건대학교의 경기를 택할 것 같다.

4쿼터 종료 3분 13초를 남겨 놓고 서던캘리포니아대학교는 공을 가로채 터치다운을 함으로써 48 대 31로 승리를 굳혔다. 그러자 6만 1,125명의 팬 중 일부는 로스앤젤레스 메모리얼 콜로세움의 출구를 향해 걷기 시작했다. 남은 경기는 형식적인 것에 지나지 않았기 때문이다.

하지만 그때 수석코치 클레이 헬튼이 붉은색 유니폼을 입은 2학년생 제이크 올슨을 불러 보너스 득점을 위한 롱 스냅(스냅은 라인의 가운데 있는 선수가 공을 후방의 선수들에게 보내는 것으로, 쿼터백에게 직접 전달하는 쇼트 스냅과 펀터나 홀더에게 던지는 롱 스냅이 있다-역주)을 하게 했다.

그 순간을 잊지 못할 역사적인 순간으로 만든 것은 벤치를 지키던 선수가 경기에 참여하게 되었다는 사실이 아니었다. 관중의 시선을 사로잡은 것은 그 선수가 시각장애인이라는 점이었다.

제이크 올슨이 경기장에 들어서는 것은 칠흑 같은 어둠 속에 던져진 것과 같았다. 그는 작전회의를 하고 있는 다른 트로전스(Trojans, 서던캘리포니아대학교의 스포츠 팀)들의 미소 띤 얼굴을 볼 수 없었다. 사이드라인에 서서 지켜보고 있는 팀 동료들도 볼 수 없었고, 꿈이 실현되는 광경에 눈시울이 붉어진 코치들의 얼굴도 볼 수 없었다.

이 경기를 향한 제이크 올슨의 여정은 생후 10개월에 망막암으로 왼쪽 눈을 잃었을 때부터 시작되었다. 그가 열두 살 때 암이 재발했고, 의사들은 암을 치료하려면 오른쪽 눈도 제거할 수밖에 없다는 결론을 내렸다.

피트 캐롤은 당시 서던캘리포니아대학교 미식축구팀 수석코치였다. 캐롤의 친구이자 올슨 가족의 친구인 사람이 캐롤에게 평생 트로전스의 팬이었던 한 소년이 실명하게 되었다는 이야기를 했다.

이후 캐롤은 제이크의 머릿속을 서던캘리포니아대학교 미식축구팀에 관한 기억들로 가득 채우기 시작했다. 제이크가 선수들을 만나고 연습 전후의 작전회의에 참가할 수 있게 해 주었다. 또한 전통적으로 밴드 리더들이 사용해 온 검을 만져 볼 수 있게 해 주었으며, 경기가 끝난 후에는 밴드를 지휘할 수 있게 해 주었다. 제이크는 팀과 함께 노틀담에 다녀오기까지 했다.

그 후 제이크에게는 완전한 어둠이 찾아왔다.

하지만 제이크가 수술을 받고 나서 다시 팀의 연습 광경을 보러 올 만큼 건강이 회복되었을 때 그는 마치 하이즈먼 트로피를 수상한 것처럼 환영을 받았다.

캐롤이 시애틀 시호크스로 옮긴 후 제이크를 초청하여 그의 팀이 경기하는 곳에 데려갔을 때 그 팀의 센터가 제이크에게 롱 스냅을 해 본 적이 있냐고 물었다. 실명 때문에 공을 던지고 받는 것이나 태클, 블로킹 등은 할 수 없겠지만, 다리 사이에 놓인 공을 8야드 떨어진 홀더에게 송구하는 것은 가능하지 않을까?

그때부터 제이크는 롱 스냅을 익혔다. 적어도 한 번은 서든캘리포니아대학교 미식축구팀의 일원으로 경기에 참여할 수 있기를 바랐다.

그 일이 이루어지기 위해서는 양 팀의 코치가 협의를 해야 했다.

웨스턴미시건대학교 선수들은 제이크에게 거친 플레이를 자제하기로 했고, 서던캘리포니아대학교 코칭스태프는 양 팀의 점수 차가 현격하게 벌어졌을 때에 한해서 제이크를 투입하기로 했다.

학교에서는 이러한 결정에 대해 전미대학체육협회의 승인을 받았다. 이후 제이크는 유니폼을 갖춰 입고 기회가 오기를 기다렸다.

경기가 진행되는 내내 제이크의 출전 가능성은 희박해 보였다. 전반전 스코어가 14 대 14였고, 3쿼터 후에는 21 대 21이었다. 경기 종료 6분 전에는 28 대 28이었다. 그러나 서던캘리포니아대학교 팀이 맹활약을 펼치며 세 차례 득점을 했고, 그것으로 승부가 판가름났다.

헬튼 코치는 그 즉시 타임아웃을 요청했다. 제이크는 두어 번 스냅을 연습했다. 그가 연습하는 동안 헬튼은 웨스턴미시건대 코치에게 신호를 보냈고, 웨스턴미시건대 코치는 다시 자기 팀 선수들에게 신호를 보냈다.

양 팀의 모든 선수가 활력을 되찾았다. 심판도 그 드라마에 참여하여 공을 내려놓고 제이크의 등을 두드려 준 뒤 뒤로 물러나서 경기의 속개를 알리는 휘슬을 불었다.

그 순간 그곳에는 경쟁자도 없고 반대편도 없었다. 승자도 없고 패자도 없었다. 엄청난 장애를 극복하려는 한 선수가 있었을 뿐이다. 모든 사람이 그를 응원했다.

대학 미식축구 역사에서 그 경기는 수천 번의 경기 중 하나였겠지만, 그 순간은 백만 번에 한 번 있을까 말까 한 순간이었다. 제이크는 완벽한 스냅을 선보였다. 스냅된 공을 누군가 멋지게 골대 안으로 차 넣었고, 제이크는 팀 동료들에게 둘러싸였다. 그것은 아마도 트로전스 역사상 가장 위대한 보너스 득점이었을 것이다.[1]

우리는 이런 이야기를 좋아한다, 그렇지 않은가?

그런 순간을 접할 때 우리가 느끼는 감정을 어떤 말로 표현할 수 있을까?

'행복'이라는 말은 어떤가?

우리는 그 자리에 있지도 않았다! 나는 관중석에 있지 않았고, 당신 역시 그곳에 있지 않았을 가능성이 크다. 우리는 그때 그 스냅을 보았거나 공을 차는 모습을 직접 보지 못했지만, 그 일에 대한 글을 읽는 것만으로도 행복하다.

다른 사람들이 최고의 순간을 누릴 수 있도록 도울 만큼 인류가 이타적일 때 행복이 폭포수처럼 쏟아져 내린다.

감사하게도 우리는 그런 순간들을 하루 중 어느 때나, 그리고 이 세상 어디에서나 반복적으로 만들어 낼 수 있다.

기쁨으로 샤워하고 싶은가?

지루한 일상에 지쳤는가?

그렇다면 이렇게 해 보라.

누군가를 섬기고, 누군가를 반가이 맞이하라. 자리를 양보하고, 누군가의 이야기를 들어 주라. 기부를 하고, 편지를 쓰고, 시간과 마음을 내어 주라. 누군가를 행복하게 해 주라.

"주는 것이 받는 것보다 복이 있다"(행 20:35). 용서하는 것이 원한을 품는 것보다 낫다.

세우는 것이 부수는 것보다 낫다.

포용하는 것이 배제하는 것보다 낫다.

이해하는 것이 무시하는 것보다 낫다.

사랑하는 것이 미워하는 것보다 낫다.

사회적 병폐에 대한 하나님의 해결책은 이타적이고 주위에 활력을 불어넣는, 하나님을 사랑하는 사람들이다. 지역사회나 사업장에서 선을 추구하고 악을 멀리하는 사람들은 피부색과 상관없이 지구촌 전역에서 만나 볼 수 있다. 그들은 진보와 보수, 농촌과 도시, 젊은이와 노인의 구분을 뛰어넘어 '다른 사람들을 행복하게 할 때 행복이 찾아온다'는 발견으로 하나가 된다.

선물을 받는 사람보다 행복한 사람이 있다면 선물을 준 사람일 것이다.

앨버트를 보면 알 수 있다. 그는 텍사스주 와코의 우편배달부로, 내 딸 세라가 일하던 가구점에 우편물을 배달한다. 그 가구점은 매우 번창했다. 다만 생긴 지 얼마 되지 않아 아직 체계가 잡히지 않은 상태였다. 그래서 늘 혼란스러웠고, 모두가 여러 일을 동시에 익혀야 했다. 게다가 직원들은 하루 종일 서 있어야 했기 때문에 스트레스가 심했다.

그것이 바로 모두가 앨버트를 사랑한 이유다.

세라는 앨버트가 오는 시간을 하루 중 가장 기대되는 순간으로 꼽았다. 가장 기대되는 순간! 세라는 다음과 같이 그때의 기억을 떠올린다. "앨버트는 우리 한 사람 한 사람에게 어떻게 지내느냐고 묻곤 했어요. 우리의 눈을 들여다보며 '하나님의 축복이 함께하시길!'이라고 말했지요."

앨버트가 배달하는 것은 우편물 이상이다. 그는 행복을 배달한다. 당신도 그렇게 해 보라.

여기 한 가지 아이디어가 있다. 앞으로 40일간 100사람의 기쁨의 수치를 끌어올리는 것이다.

"서로 ○○하라"는 성경구절들을 실천에 옮기면 도움이 될 것이다. 사람들을 위해 기도하고, 더 많이 봉사하고, 인내심을 발휘하고, 사람들 안에서 최상의 것을 이끌어 내는 것이다. 사람들과의 만남이 어떠하였으며 당신은 무엇을 했는지 일기에 적으라. 그 순간에 대해 기록하라.

그때의 상황은 어떠했는가?

그 일을 통해 당신은 무엇을 배웠는가?

40일이 지난 후 당신의 세계가 조금 달라질 것 같은가?

당신 자신이 달라질 것 같은가?

나는 확실히 달라졌다. 이 책을 쓰는 동안 나는 이 과제에 직접 도전해 보기로 했다. 그것은 내가 상상했던 것보다 배는 어려웠지만 100배나 보람이 있었다.

여기 내 일기 중 하나를 소개한다.

미니애폴리스로 향하는 비행기의 출발이 두 시간 지연되었다. 게이트 담당 직원이 대기하고 있던 승객들에게 고지한 것처럼 "승무원의 도착이 늦어졌기" 때문이다. 세 명의 승무원이 모습을 드러냈을 땐 이미 잠자리에 들 시간이었다. 그들은 직전의 비행으로 피곤한 데다, 딱딱하게 굳은 얼굴을 한 승객들 사이를 지나며 많이 위축되었다. 실제로 그들에게 야유를 보내는 사람도 있었다.

마침내 비행기에 탑승한 뒤에도 한동안 혼란스러운 상태가 이어졌다. 우선 머리 위의 짐칸이 부족했다. 짐칸에 넣을 겨울 코트가 너무 많았기 때문이다. 결국 나는 축구장 하나만큼 떨어져 있는 곳에 짐을 넣어야 했다. 한숨을 내쉬며 자리에 앉는 순간, 문득 100사람의 기쁨을 끌어올리기로 한 계획이 떠올랐다. 이륙한 후 30분쯤 뒤에 나는 한 승무원에게 출발이 지연된 것을 능숙하게 처리한 것에 대해 감사를 표했다. 그녀는 내게 고맙다고 말했지만, 나는 내 마음을 좀 더 잘 전달하는 것이 좋겠다고 생각했다. 잠시 후 나는 자리에서 일어나 그녀가 일하는 곳으로 갔다.

"아까도 말씀드렸지만 다시 한 번 진심으로 감사하다는 말씀을 드리고 싶어요."

이번에는 그녀가 하던 일을 멈췄다. 눈에 눈물이 가득했다.

"그 말씀이 제게 큰 의미를 주네요. 오늘은 정말 힘든 하루였거든요."

사람들을 행복하게 하는 일에 도전해 보고 싶은가?

다른 사람들은 찌푸린 얼굴로 직장에 와서 그날 해야 할 일들을 확인한다. 하지만 당신은? 당신에게도 해야 할 일이 있지만, 또한 다음과 같은 목표가 있다. 오늘 누구를 도울 수 있을까? 누구를 격려할 수 있을까?

어쩌면 사무실 저쪽 칸막이 안에 있는 신입사원에게 도움이 필요할지 모른다. 아니면 당신의 집 앞마당을 침범한 치와와의 주인에게, 아니면 선생님에게 도움이 필요할 수 있다. 아침에 집에서 힘든 일을 겪고 와서 학생들을 다그치는 당신의 선생님 말이다. 다른 사람들은 그녀를 피하지만 당신은 그러지 않는다. 당신은 그녀의 기운을 북돋고, 그녀의 하루를 밝게 할 방법을 찾는다. 그녀를 칭찬하고 이해하며, 그녀에게 감사의 마음을 전할 방법을 찾는다. 당신의 그런 시도가 세상을 변화시키지 않을까?

분명 그럴 것이다. 당신은 당신이 속한 세계의 아이스크림 트럭과 같은 존재가 될 것이다.

내가 어릴 때에는 동네에 아이스크림을 파는 트럭이 찾아오곤 했다. 반세기가 지난 지금까지도 나는 옛날에 그 아이스크림 트럭에서 틀어주던 노랫소리가 들리면 입에 침이 고이면서 잔돈을 찾아 주머니를 뒤적거리게 된다. 그 쿵쾅거리는 음악이 들리면 나는 무엇을 해야 할지 알았다.

나뿐만이 아니었다. 사방에서 아이들이 모여들었다. 어린이 야구장에서, 뒷마당에서, 학교 운동장에서⋯. 마치 지하철에서 승객이 쏟아져 나오듯 집집마다 아이들이 쏟아져 나왔다. 아이들은 자전거 페달을 힘껏 밟거나, 킥보드를 타고 오거나, 정신없이 뛰어왔다. 동네에 아이스크림 트럭이 왔기 때문이다.

그런 아이스크림 트럭 같은 존재가 돼라. 사람들이 반가워하는 사람이 돼라. 사람들이 듣고 싶어 하는 목소리가 돼라. 행복을 배달하는 트럭을 운전하라.

그리고 그곳에서 당신 자신이 가장 많이 미소 짓고 있지 않은지 보라.

● 행복이 더해지는 묵상과 나눔

1. 저자는 앞으로 40일간 100사람을 행복하게 하는 일에 도전해 볼 것을 제안한다.

    – 당신은 그렇게 할 의향이 있는가?
    – 이 일과 관련하여 당신을 주저하게 하는 것이 있는가? 그것이 무엇인가?
    – 이 일과 관련하여 당신을 설레게 하는 것이 있는가? 그것이 무엇인가?

2. 당신은 이 책을 통해 다른 사람들을 행복하게 함으로써 당신 스스로를 행복하게 하는 열 가지 방법을 배웠다. 다음은 그 열 가지 방법이다.

    서로 격려하라(살전 5:11).
    서로 참으라(엡 4:2).
    서로를 더 낫게 여기라(빌 2:4).
    서로 문안하라(롬 16:16).
    서로를 위해 기도하라(약 5:16).
    서로 섬기라(갈 5:13).
    서로 용납하라(롬 15:7).
    서로 권면하라(골 3:16).
    서로 용서하라(엡 4:32).
    서로 사랑하라(요일 3:11).

    – 이 중 당신이 앞으로 40일간 다른 사람들을 행복하게 할 때 편안하게 추구할 수 있는 방법 두어 가지를 꼽아 보라.
    – 이 중 조금 힘들게 느껴지지만 앞으로 40일간 기꺼이 시도해 보고 싶은 방법 두어 가지를 꼽아 보라.

3. 현재 당신의 행복도는 어느 정도인지 평가해 보라. 1부터 10까지로 평가할 때 당신의 행복도는 어디에 해당하는가?

4. 앞으로 40일간 행복도를 끌어올려 주고 싶은 사람 다섯 명을 떠올려 보라. 그들의 이름을 적고, 그 옆에 "서로 ○○하라"는 성경구절 중 하나를 활용하여 그들을 행복하게 할 방법을 적으라.

How
Happiness
Happens

주

1. 기쁨으로 가는 문

1) "Mr. Happy Man–Johnny Barnes," YouTube, https://www.youtube.com/watch?v=v_EX5NzqNXc. 다음 글도 참고하라. Jarrod Stackelroth, "Mr. Happy Man," *Adventist Record*, July 21, 2016, http://record.adventistchurch.com/2016/07/21/mr-happy-man/.

2) Kathy Caprino, "The Top 10 Things People Want in Life but Can't Seem to Get," Huffington Post, updated December 6, 2017, https://www.huffingtonpost.com/kathy-caprino/the-top-10-things-people_2_b_9564982.html.

3) David Shimer, "Yale's Most Popular Class Ever: Happiness," *New York Times*, January 26, 2018, https://www.nytimes.com/2018/01/26/nyregion/at-yale-class-on-happiness-draws-huge-crowd-laurie-santos.html.

4) Sonja Lyubomirsky, *The How of Happiness: A Practical Approach to Getting the Life You Want* (London: Piatkus, 2007), 25. (『행복도 연습이 필요하다』, 지식노마드).

5) Ed Diener, Carol Nickerson, Richard E. Lucas, Ed Sandvik, "Dispositional Affect and Job Outcomes," *Social Indicators Research* 59, no. 3 (September 2002): 229–59, https://link.springer.com/article/10.1023/A:1019672513984.

6) Shana Lebowitz, "A New Study Finds a Key Component of Effective Leadership Is Surprisingly Simple," *Business Insider*, August 19, 2015, http://www.businessinsider.com/why-happy-people-are-better-leaders-2015-8.

7) Alexandra Sifferlin, "Here's How Happy Americans Are Right Now," *Time*, July

26, 2017, http://time.com/4871720/how-happy-are-americans/.

8) Lyubomirsky, *The How of Happiness*, 37. (『행복도 연습이 필요하다』, 지식노마드).

9) Pamela Cowan, "Depression Will Be the Second Leading Cause of Disease by 2020: WHO," *Calgary Herald*, October 7, 2010, http://www.calgaryherald.com/health/Depression+will+second+leading+cause+disease+2020/3640325/story.html.

10) Jean M. Twenge, "Why Adults Are Less Happy Than They Used to Be: But Young People are Happier," *Psychology Today*, November 6, 2015, https://www.psychologytoday.com/blog/our-changing-culture/201511/why-adults-are-less-happy-they-used-be.

11) Lyubomirsky, *The How of Happiness*, 20-21. (『행복도 연습이 필요하다』, 지식노마드).

12) Melissa Dahl, "A Classic Psychology Study on Why Winning the Lottery Won't Make You Happier," *The Cut*, January 13, 2016, http://www.thecut.com/2016/01/classic-study-on-happiness-and-the-lottery.html.

13) Daniel Kahneman and Angus Deaton "High Income Improves Evaluation of Life but Not Emotional Well-Being," PNAS, August 4, 2010, p. 3, http://www.pnas.org/content/early/2010/08/27/1011492107.

14) Ed Diener, Jeff Horwitz, and Robert A. Emmons, "Happiness of the Very Wealthy," Social Indicators Research 16, 263-74, https://emmons.faculty.ucdavis.edu wp-content/uploads/sites/90/2015/08/1985_1happiness-wealty.pdf.

15) Carey Goldberg, "Too Much of a Good Thing," *Boston Globe*, February 6, 2006, http://archive.boston.com/yourlife/health/mental/articles/2006/02/06/too_much_of_a_good_thing/.

16) Berkeley Wellness, "What Is the Science of Happiness?" November 9, 2015, http://www.berkeleywellness.com/healthy-mind/mind-body/article/what-science-happiness.

17) Lyubomirsky, *The How of Happiness*, 23. (『행복도 연습이 필요하다』, 지식노마드).

18) Randy Alcorn, *Happiness* (Carol Stream, IL: Tyndale, 2015), 19. (『행복』, 디모데).

2. "잘했다, 바위야!"

1) W. E. Vine, *Vine's Expository Dictionary of New Testament Words: A Comprehensive Dictionary of the Original Greek Words with Their Precise Meanings for English Readers* (McLean, VA: MacDonald Publishing, n. d.), "Comfort, Comforter, Comfortless," 209-10.

2) Vine, *Vine's Expository Dictionary*, "Encourage, Encouragement," 366.

3) Hara Estroff Marano, "Marriage Math," *Psychology Today*, March 16, 2004, https://www.psychologytoday.com/us/articles/200403/marriage-math.

4) Jack Zenger and Joseph Folkman, "The Ideal Praise-to-Criticism Ratio," *Harvard Business Review*, March 15, 2013, https://hbr.org/2013/03/the-ideal-praise-to-criticism.

5) Lynne Malcolm, "Scientific Evidence Points to Importance of Positive Thinking," ABC RN, June 17, 2015, http://www.abc.net.au/radionational/programs/allinthemind/the-scientific-evidence-for-positive-thinking/6553614.

6) Alan Loy McGinnis, *The Friendship Factor: How to Get Closer to the People You Care For* (Minneapolis: Augsburg, 1979), 69.

7) Andrew Shain, "As He Heads to the U. S. Senate, Tim Scott Praises Early Mentor," *Beaufort Gazette*, July 2, 2013, http://www.islandpacket.com/news/local/community/beaufort-news/article33492450.html.

8) Vine, *Vine's Expository Dictionary*, "Consider," 231-32.

9) Gary Smalley and John Trent, *Leaving the Light On: Building the Memories That Will Draw Your Kids Home* (Sisters, OR: Multnomah, 1994), 27-28.

10) McGinnis, *The Friendship Factor*, 95. (『우정의 요소』, CH북스).

11) Bible Study Tools, s. v. "parakaleo," https://www.biblestudytools.com/lexicons/greek/nas/parakaleo.html.

3. 짜증을 키우지 말라

1) W. E. Vine, *Vine's Expository Dictionary of New Testament Words: A Comprehensive Dictionary of the Original Greek Words with Their Precise Meanings for English Readers* (McLean, VA: MacDonald Publishing, n. d.), "Longsuffering," 694.

2) David Hocking, "The Patience of God," Blue Letter Bible, https://www.blueletterbible.org/comm/hocking_david/attributes/attributes14.cfm.

3) Alan Loy McGinnis, *The Friendship Factor: How to Get Closer to the People You Care For* (Minneapolis: Augsburg, 1979), 69. (『우정의 요소』, CH북스).

4) Alice H. Cook이 기고한 글, *Reader's Digest*, December 1996, 140.

4. 제2 바이올린의 감미로운 선율

1) Hannah Whitall Smith, *The Christian's Secret of a Holy Life: The Unpublished Personal Writings of Hannah Whitall Smith*, ed. Melvin E. Dieter (Grand Rapids: Zondervan, 1994), 10-11.

5. 사랑의 인사

1) Deborah Norville, *The Power of Respect: Benefit from the Most Forgotten Element of Success* (Nashville: Thomas Nelson, 2009), 6-8. (『리스펙트』, 위즈덤하우스).

2) John Henry Jowett, *The Best of John Henry Jowett*, ed. Gerald Kennedy (New York: Harper and Brothers, 1948), 89, https://archive.org/stream/bestof

johnhenryj012480mbp/bestofjohnhenryj012480mbp_djvu.txt).

3) Sonja Lyubomirsky, *The How of Happiness: A Practical Approach to Getting the Life You Want* (London: Piatkus, 2007), 150-51. (『행복도 연습이 필요하다』, 지식노마드).

4) Kasley Killam, "A Hug a Day Keeps the Doctor Away," *Scientific American*, March 17, 2015, https://www.scientificamerican.com/article/a-hug-a-day-keeps-the-doctor-away/.

5) John Stott, *Romans: God's Good News for the World* (Downers Grove, IL: InterVarsity, 1994), 395. (『로마서』, IVP).

6) "Aristobulus," Bible Hub, http://biblehub.com/topical/a/aristobulus.htm.

7) E. Badian, "Narcissus: Roman Official," *Encyclopaedia Britannica*, http://www.britannica.com/biography/narcissus-roman-official.

8) 마가는 복음서 저자로는 유일하게 시몬의 아들들의 이름을 언급하고, 또 그들이 이미 널리 알려져 있음을 시사한다. 마가복음 15장 21절을 보라.

9) "Sumter County Church Chronology," June 1965 entry, http://www.sumtercountyhistory.com/church/SC_ChurchChr.htm.

6. 담대하게 아뢰라

1) "Science Proves the Healing Power of Prayer," NewsmaxHealth, March 31, 2015, https://www.newsmax.com/health/headline/prayer-health-faith-medicine/2015/03/31/id/635623/.

2) Eben Alexander, *Proof of Heaven: A Neurosurgeon's Journey into the Afterlife* (New York: Simon and Schuster, 2012), 38, 45-46, 103. (『나는 천국을 보았다』, 김영사).

3) Dan Pratt, *Tears on the Church House Floor* (Bloomington, IN: WestBow, 2018), 74-76.

7. 조용한 봉사자

1) "The United Healthcare/Volunteer Match Do Good Live Well Study," March 2010: 19, 33, 43, https://cdn.volunteermatch.org/www/about/UnitedHealthcare_VolunteerMatch_Do_Good_Live_Well_Study.pdf.

2) Bernard Rimland, "The Altruism Paradox," *Psychological Reports* 51, no. 2 (October, 1982): 521–2. http://www.amscie.pub.com/doi/abs/10.2466/pr0.1982.51.2.521. Randy Alcorn, *Happiness* (Carol Stream, IL: Tyndale, 2015), 291에서 재인용. (『행복』, 디모데).

8. 당신을 불편하게 하는 사람들

1) W. E. Vine, *Vine's Expository Dictionary of New Testament Words: A Comprehensive Dictionary of the Original Greek Words with Their Precise Meanings for English Readers* (McLean, VA: MacDonald Publishing, n. d.), "Pharisees," 863.

2) John Stott, *Romans: God's Good News for the World* (Downers Grove, IL: InterVarsity, 1994), 359. (『로마서』, IVP).

3) 개인적으로 들은 이야기를 허락 받고 사용함.

4) Alan Loy McGinnis, *The Friendship Factor: How to Get Closer to the People You Care For* (Minneapolis: Augsburg, 1979), 70. (『우정의 요소』, CH북스).

5) Brian Reed가 내게 보낸 2016년 2월 21일자 이메일. 허락 받고 사용함.

6) Mark Rutland, *Streams of Mercy: Receiving and Reflecting God's Grace* (Ann Arbor, MI: Servant Publications, 1999), 39.

9. 소리 내어 말하라

1) W. E. Vine, *Vine's Expository Dictionary of New Testament Words: A Comprehensive*

Dictionary of the Original Greek Words with Their Precise Meanings for English Readers (McLean, VA: MacDonald Publishing, n. d.), "Admonition, Admonish," 32.

2) "3560. Noutheteo," Bible Hub, https://biblehub.com/greek/3560.htm.

10. 당신은 파괴되었다

1) "Peace of Mind," 듀크대학교에서 실시한 사회 연구로, 다음 책에 인용되어 있다. Rudy A. Magnan, *Reinventing American Education: Applying Innovative and Quality Thinking to Solving Problems in Education* (Bloomington, IN: Xlibris, 2010), 23. 다른 네 가지 요소는 다음과 같다. ① 살아 있는 세계와 관계를 맺을 것 ② 사랑과 유머, 자비, 충성심 같은 오래된 덕목들을 개발할 것 ③ 스스로에게 너무 많은 것을 기대하지 말 것 ④ 자기 자신보다 더 큰 무언가를 믿을 것.

2) Charlotte vanOyen Witvliet, Thomas E. Ludwig, and Kelly L. Vander Laan, "Granting Forgiveness or Harboring Grudges: Implications for Emotion, Physiology, and Health," *Psychological Science* 12, no. 2 (March 2001): 117–23, https://greatergood.berkeley.edu/images/uploads/VanOyenWitvliet-GrantingForgiveness.pdf.

3) "John Wesley," Bible.org, https://bible.org/illustration/john-wesley-1.

4) Jayson Casper, "Forgiving ISIS: Christian 'Resistance' Videos Go Viral in Arab World," ChristianityToday.com, March 17, 2015, http://www.christianitytoday.com/gleanings/2015/march/forgiving-isis-christian-resistance-viral-video-sat7-myriam.html.

11. 사랑받으라. 그리고 사랑하라.

1) Ian Fisher, "Fingers That Keep the Most Treasured Violins Fit," *New York Times*, June 3, 2007, https://www.nytimes.com/2007/06/03/world/europe/03cremona.html. 다음 글도 보라. Martin Gani, "The Violin-Makers of Cremona, *Italy*

Magazine, January 20, 2012, http://www.italymagazine.com/featured-story/violin-makers-cremona.

2) W. E. Vine, *Vine's Expository Dictionary of New Testament Words: A Comprehensive Dictionary of the Original Greek Words with Their Precise Meanings for English Readers* (McLean, VA: MacDonald Publishing, n. d.), "Love," 702.

3) Vine, *Vine's Expository Dictionary*, "Made," 709-10.

4) Henri J. M. Nouwen, *Life of the Beloved: Spiritual Living in a Secular World* (New York: Crossroad Publishing, 1992), 77. (『이는 내 사랑하는 자요』, IVP).

그다음 단계 – 사람들을 행복하게 하기

1) John Feinstein, "How Jake Olson of USC Became the Most Famous Long Snapper in College Football," *Washington Post*, September 5, 2017, https://www.washingtonpost.com/sports/colleges/how-jake-olson-of-usc-became-the-most-famous-long-snapper-in-college-football/2017/09/05/900672f0-923a-11e7-8754-d478688d23b4_story.html?utm_term=.0a4b2ae5befb.

사명선언문

너희가 흠이 없고 순전하여……세상에서 그들 가운데 빛들로
나타내며 생명의 말씀을 밝혀 _ 빌 2:15-16

1. 생명을 담겠습니다
만드는 책에 주님 주신 생명을 담겠습니다.
그 책으로 복음을 선포하겠습니다.

2. 말씀을 밝히겠습니다
생명의 근본은 말씀입니다.
말씀을 밝혀 성도와 교회의 성장을 돕겠습니다.

3. 빛이 되겠습니다
시대와 영혼의 어두움을 밝혀 주님 앞으로 이끄는
빛이 되는 책을 만들겠습니다.

4. 순전히 행하겠습니다
책을 만들고 전하는 일과 경영하는 일에 부끄러움이 없는
정직함으로 행하겠습니다.

5. 끝까지 전파하겠습니다
모든 사람에게, 땅 끝까지, 주님 오시는 그날까지
복음을 전하는 사명을 다하겠습니다.

서점 안내

광화문점	서울시 종로구 새문안로 69 구세군회관 1층 02)737-2288 / 02)737-4623(F)
강남점	서울시 서초구 신반포로 177 반포쇼핑타운 3동 2층 02)595-1211 / 02)595-3549(F)
구로점	서울시 동작구 시흥대로 602, 3층 302호 02)858-8744 / 02)838-0653(F)
노원점	서울시 노원구 동일로 1366 삼봉빌딩 지하 1층 02)938-7979 / 02)3391-6169(F)
일산점	경기도 고양시 일산서구 중앙로 1391 레이크타운 지하 1층 031)916-8787 / 031)916-8788(F)
의정부점	경기도 의정부시 청사로47번길 12 성산타워 3층 031)845-0600 / 031)852-6930(F)
인터넷서점	www.lifebook.co.kr